УСИЛЕНИЕ СИСТЕМЫ ЭКОНОМИЧЕСКОГО РЕГУЛИРОВАНИЯ ВОДОСНАБЖЕНИЯ И ВОДООТВЕДЕНИЯ В МОЛДОВЕ

ОЭСР
ЛУЧШАЯ ПОЛИТИКА ДЛЯ ЛУЧШЕЙ ЖИЗНИ

Данная работа публикуется под ответственность генерального секретаря ОЭСР. Изложенные в ней мнения и приводимая аргументация могут не отражать официальных взглядов правительств стран – членов ОЭСР.

Настоящий документ и любые содержащиеся в нем данные и карты не затрагивают статуса территорий и их суверенитета, делимитацию государственных границ и пограничных линий, а также названия территорий, городов и областей.

Статистические данные по Израилю предоставлены компетентными органами Израиля под их ответственность. Использование этих данных ОЭСР не является отражением предвзятого отношения к статусу Голанских высот, Восточного Иерусалима и израильских поселений на Западном берегу согласно нормам международного права.

При цитировании просьба ссылаться на настоящую публикацию:
OECD (2019), *УСИЛЕНИЕ СИСТЕМЫ ЭКОНОМИЧЕСКОГО РЕГУЛИРОВАНИЯ ВОДОСНАБЖЕНИЯ И ВОДООТВЕДЕНИЯ В МОЛДОВЕ*, OECD Publishing, Paris, *https://doi.org/10.1787/0c3efabd-ru*.

ISBN 978-92-64-63788-7 (печатное издание)
ISBN 978-92-64-87943-0 (pdf)

Сведения об авторах фото: © Avigator Fortuner/shutterstock.com.

Опечатки, которые имеются в опубликованных материалах, можно найти, пройдя по ссылке *www.oecd.org/about/publishing/corrigenda.htm*.

Предисловие

Цель настоящего отчета – содействовать развитию системы экономического регулирования (СЭР) сектора водоснабжения и водоотведения (ВСиВО) в Республике Молдова (далее – Молдова). Отчет был подготовлен с целью предоставления информации и оказания содействия Национальному диалогу о водной политике (НДВП), проводимому в Молдове при сотрудничестве с Водной инициативой Европейского союза для стран Восточного партнерства (ВП) (ВИЕС+) при содействии ОЭСР/Специальной рабочей группы по «зеленым» действиям (бывшей СРГ ПДООС) и Европейской экономической комиссии Организации Объединенных Наций (ЕЭК ООН). Подготовка настоящего отчета стала возможной при финансовой поддержке Европейского союза, за которую выражаем глубокую благодарность.

Структура отчета и вклад в отчет

В главе 1 представлен контекст, в котором действует система экономического регулирования в Молдове, в ней также сформулированы девять требований к СЭР сектора ВСиВО в Молдове. Глава 2 содержит анализ деятельности СЭР в Молдове и представлены три сценария, которые разработчики отраслевой политики могут взять за основу для дальнейшего улучшения СЭР. Обсуждение этих сценариев состоялось на Совещании на уровне экспертов 16 ноября 2016 года в Кишиневе в рамках данного проекта. В главе 3 проводится анализ надлежащей практики и опыта выбранных стран, которые потенциально могли бы быть применены в Молдове. В главе 4 приводятся рекомендации с учетом выводов, сделанных на совещании на уровне экспертов и заседании Координационного совета (КС) НДВП в ноябре 2016 года, а также предоставлен ориентировочный план их внедрения.

Основным автором отчета является Гил Вербек (*Giel Verbeeck*) при участии Александра Погосяна (*Alexander Poghossian*), Евгении Веверита (*Eugenia Veverita*), Думитру Будиански (*Dumitru Budianschi*) и Олега Утика (*Oleg Utica*), совместно работавших над проектом в составе консорциума, состоящего из «Альфа плюс консалтинг» (*Alpha Plus Consulting*) (Армения), *TreeVelop* (Нидерланды) и *Business Research Company* (Молдова).

Авторы выражают благодарность г-ну Александру Мартусевичу (ОЭСР/ секретариат Специальной рабочей группы по «зеленым» действиям), который руководил данным исследованием, за вклад в отчет и полезные идеи, г-же Марии Дюбуа (*Maria Dubois*) (ОЭСР) и г-ну Марку Фосс (*Mark Foss*) (редактору английского оригинала отчета), а также переводчице Екатерине Козловой за подготовку этой публикации.

Авторы также выражают благодарность всем сотрудникам Министерств окружающей среды; финансов; регионального развития и строительства; труда, социальной защиты и семьи Молдовы; независимого экономического регулятора сектора водоснабжения и водоотведения (НАРЭ), Конгресса местных общин (CALM) и Ассоциации водоканалов (AMAC); а также сотрудникам нескольких операторов ВСиВО в Молдове и неправительственной организации SEAM, которые участвовали в обсуждении работы, поделились своими идеями, данными и информацией и, тем самым, внесли вклад в подготовку настоящего отчета.

Многие другие лица также предоставили информацию о передовой международной практике экономического регулирования, включая страны, приведенные в отобранных тематических примерах: Чили, Казахстан, Нидерланды и Фландрию (регион Бельгии).

Необходимо отметить, что Консорциум несет полную и исключительную ответственность за анализ, изложение информации и возможные ошибки и пропуски.

Точки зрения, представленные в настоящем отчете, отражают мнение авторов и ни в коем случае не могут рассматриваться как отражающие официальное мнение Правительства Молдовы, Европейского союза (ЕС) и ОЭСР или правительств стран-членов ЕС и ОЭСР.

Содержание

Таблицы

Рисунки

Вставки

Сокращения и термины

Сокращение	**Расшифровка или термин**
БО	Бассейновый округ
БТПС	блочные тарифы с повышающейся ставкой
ВВП	валовый внутренний продукт
ВОС	водоочистное сооружение
ВСиВО	водоснабжение и водоотведение
ВФРУ	внешнее финансирование на рыночных условиях
долл. США	доллар Соединенных Штатов Америки
ЕБРР	Европейский банк реконструкции и развития
ЕС	Европейский союз
ЕЭК ООН	Европейская экономическая комиссия Организации Объединенных Наций
ИЧР	Индекс человеческого развития
КВП	комитет водопользователей
кВт-ч	киловатт-час (единица измерения потребляемой электроэнергии)
км	километр
КОС	канализационные очистные сооружения
КПД	ключевой показатель деятельности
КРЕМЗКиПП МНЭ РК	Комитет по регулированию естественных монополий, защите конкуренции и прав потребителей Министерства национальной экономики Республики Казахстан
КУВР	комплексное управление водными ресурсами
КЭСКП ООН	Комитет по экономическим, социальным и культурным правам Организации Объединенных Наций
лчс	литров на человека в сутки
$м^3$	кубический метр
Минфин	Министерство финансов
млн	миллион
млрд	миллиард
молд. лей	молдавский лей (национальная валюта)
Молдова	Республика Молдова
МРРиС	Министерство регионального развития и строительства

Сокращение	**Расшифровка или термин**
МСФО	Международные стандарты финансовой отчетности
МТСЗиС	Министерство труда, социальной защиты и семьи
МФИ	международный финансовый институт
НАРЭ	Национальное агентство по регулированию энергетики Республики Молдова
НБС	Национальное бюро статистики Республики Молдова
НДВП	Национальный диалог о водной политике
НПО	неправительственная организация
НФРР	Национальный фонд регионального развития
НЭФ	Национальный экологический фонд
ОМСУ	орган местного самоуправления
ОРВ	оценка регулирующего воздействия
ОЭСР	Организация экономического сотрудничества и развития
подкл.	подключение (точка доступа)
ППС	паритет покупательной способности
ПРООН	Программа развития Организации Объединенных Наций
РДВ	Рамочная директива по воде
РО	региональный оператор (в Румынии)
СБС	специальный банковский счет
СВСК	средневзвешенная стоимость капитала
СЭР	система экономического регулирования
ТНТ	тарифы, налоги, трансферты
ТП	техническая помощь
ЦУР	Цели (цель) устойчивого развития
ЭЧН	эквивалент численности населения
BOOST	База данных о публичных расходах отдельных стран (база поддерживается Всемирным банком и включает в т. ч. данные Министерства финансов Республики Молдова – *прим. ред.*)
BOT	Build-operate-transfer («Построй-Управляй-Передай»)
EBITRA	(Earnings before Interest, Tax, Depreciation and Amortisation) прибыль до вычета процентов (по заемным средствам), налогов, износа и амортизации
IBNET	Международная сеть сравнительного анализа данных по сектору ВСиВО
RAB	(Regulatory Asset Base) регулируемая база инвестированного капитала
Tree Velop	TreeVelop Projects and Processes (*голландская консалтинговая организация*)

Резюме

Система экономического регулирования (СЭР) сектора водоснабжения и водоотведения (ВСиВО) в Республике Молдова (далее – Молдова) переживает время перемен. Отраслевая политика, основанная на национальных и международных обязательствах страны, требует стремительного развития сектора ВСиВО. К таким обязательствам относятся, прежде всего, Соглашение об ассоциации с Европейским союзом, Цели устойчивого развития (ЦУР), Парижское соглашение по климату и национальная Стратегия водоснабжения и санитарии (водоотведения).

Указанные твердые обязательства страны вступают в контраст со способностью правительства обеспечить хорошую систему экономического регулирования сектора, а операторов ВСиВО – соблюдать намного более высокие стандарты услуг. Тем временем, ценовая доступность услуг ВСиВО остается острой проблемой в Молдове. За исключением, разве что, нескольких местных инициатив, в Молдове нет специальных мер социальной поддержки по оплате услуг ВСиВО. При существующих тарифах национальная Стратегия водоснабжения и санитарии (водоотведения) ежегодно имеет дефицит финансирования в размере 21 млн евро. Для восполнения дефицита необходимо поднять ставки тарифов в среднем на 30 %, а операторам – предпринять решительные меры по модернизации и оптимизации систем ВСиВО, сокращению объемов воды, не приносящей дохода, повышению производительности труда персонала и улучшению других показателей эффективности своей деятельности.

Подобные изменения не могут произойти в одночасье. Для этого необходима благоприятная СЭР, учитывающая финансовую доступность услуг, потребность в покрытии затрат и обслуживании долга, а также реалистичный путь повышения эффективности деятельности предприятий ВСиВО. Это вызов, требующий скоординированных действий всех участников СЭР в Молдове, которым для осуществления перехода необходимо учесть передовую практику экономического регулирования и извлечь уроки из опыта других стран.

Изучение надлежащей международного практики, скорее, позволит получить оптимальный ответ на вопрос «как» организовать экономическое регулирование, чем «что» именно надо для этого сделать. Оно затрагивает такие аспекты, как правильные стимулы, прозрачность, проведение диалога и консультаций с заинтересованными сторонами, разъяснение ролей и оценка деятельности. Тогда как опыт отдельных стран, отобранных в качестве примера, поможет дать ответ на вопрос «что» надо делать. Речь идет о развитии нормативно-правовой базы и мер социальной поддержки в Чили; опыте регионализации и перераспределения непропорционального инвестиционного бремени, которое несут небольшие агломерации в Нидерландах; социальных выгодах и издержках двухблочных тарифов во Фландрии; и концепции регуляторной реформы в Казахстане. Опыт этих стран потенциально может быть применен в Молдове, однако необходимо учитывать разницу в потенциале и доходах.

Варианты реформирования СЭР представлены в отчете в виде трех сценариев, показывающих, как может проходить развитие СЭР в Молдове:

1. «Устранение недостатков»
2. «Возвращение к чертежной доске»
3. «Завершение системы, с её реорганизацией»

Сценарии и связанные с ними действия были обсуждены с местными заинтересованными сторонами в рамках Национального диалога о водной политике (НДВП), проводимого в Молдове. Был достигнут консенсус о том, что второй вариант должен остаться открытым, тогда как разработчиков отраслевой политики будут поощрять следовать третьему варианту. На основе обсуждений были сформулированы 20 рекомендаций, первые две из которых: 1. Восстановить национальную Комиссию по ВСиВО для проведения и мониторинга реформы; 2. Рассматривать экономического регулятора сектора ВСиВО как посредника в отношениях между потребителями и операторами. Другие же рекомендации сгруппированы по следующим семи целям отраслевой политики: (I) введение правильных стимулов, включая тарифы, поощряющие операторов работать лучше, а конечных потребителей – экономить воду; (II) более решительное проведение регионализации услуг ВСиВО; (III) содействие внедрению устойчивых бизнес-моделей; (IV) использование оптимального сочетания тарифов, налогов и трансфертов (ТНТ), основанного на актуализированной отраслевой стратегии; (V) более эффективное использование экономических инструментов для достижения поставленных целей отраслевой политики сектора ВСиВО; (VI) использование внешнего финансирования для устранения прогнозируемого дефицита финансирования; и (VII) применение в секторе ВСиВО мер адресной социальной защиты.

Все эти рекомендации взаимосвязаны, поэтому сложно отдельно выделить какие-либо из них. Однако имеется довольно большая свобода в выборе способа их выполнения – по возможности, с учетом местной специфики. Ориентировочный план выполнения рекомендаций, предложенный в настоящем отчете, таким образом, является прежде всего допустимым рамочным планом. Он разработан с пониманием того, что многие действия, обязанности, результаты и ключевые моменты потребуют доработки и разработки в процессе реализации. При выполнении рекомендаций разработчики отраслевой политики и заинтересованные стороны должны будут взять за точку отправления и оценить: (i) необходимость внесения и содержание требуемых поправок к нормативно-правовой базе; (ii) более точное определение потребности в получении технической помощи; и (iii) план выполнения определенных действий (например, среднесрочный план действий и инвестиций в секторе).

1. Контекст системы экономического регулирования сектора водоснабжения и водоотведения в Молдове

В настоящей главе представлен контекст, в котором действует система экономического регулирования (СЭР) сектора водоснабжения и водоотведения (ВСиВО) в Республике Молдова (далее – Молдова). Он вступает в контраст с масштабными целями отраслевой политики, обусловленными Соглашением об ассоциации с Европейским союзом (water acquis – нормативно-правовая база ЕС в области водных ресурсов), Парижским соглашением по климату и Целями устойчивого развития, связанными с водой, а также Национальной стратегий развития «Молдова - 2020» и Стратегией водоснабжения и санитации (водоотведения) на период 2014-28 гг. В главе приводится сравнение эффективности и результативности деятельности секторов ВСиВО в Молдове и других странах бассейна реки Дунай и освещается ряд вызовов, таких как потери воды, удовлетворенность потребителей и возмещение эксплуатационных затрат. В конце главы сформулированы девять требований к системе экономического регулирования.

Контекст

Экономическое регулирование можно определить как совокупность правил, процедур, практик, институтов, стандартов и норм, устанавливающих, контролирующих и применяющих экономические аспекты (тарифы, стандарты услуг) сектора водоснабжения и водоотведения (ВСиВО), отвечающие поставленным целям отраслевой политики (CASTALIA, 2005[1]). Поскольку централизованная система ВСиВО является естественной монополией, необходимо экономическое регулирование сектора либо договором (например, договоры государственно-частного партнерства, еще не используемые в секторе ВСиВО в Молдове), либо компетентным органом регулирования (т.е. профессиональным регулятором).

Республика Молдова (далее – Молдова) предприняла важные шаги по развитию системы экономического регулирования (СЭР) сектора ВСиВО, приняв в 2013 году Закон № 303 «О публичной услуге водоснабжения и канализации». Это привело к наделению в 2014 году Национального агентства по регулированию энергетики Республики Молдова (НАРЭ) полномочиями компетентного органа регулирования в секторе ВСиВО.

Однако надежная СЭР – это не только учреждение регулятора, она включает в себя намного больше аспектов. На Консультативном совещании на уровне министров в г. Алматы в 2000 году были сформулированы требования к надежной СЭР (OECD EAP Task Force, 2000[1]):

- экономическая эффективность, т.е. рациональное использование ресурсов для получения наилучших результатов;
- возмещение затрат, т.е. генерирование доходов для покрытия эксплуатационных, административных затрат и затрат на техническое обслуживание;
- справедливость, т.е. одинаковое и равноправное обслуживание всех клиентов, исключение случаев злоупотребления положением в условиях естественной монополии;
- финансовая устойчивость, т.е. минимизация колебаний величины доходов;
- эффективное сохранение и использование природных ресурсов при помощи использования соответствующих природоохранных и экономических стимулов;
- социальная ориентированность услуг ВСиВО, без превращения предприятия ВСиВО в орган социальной защиты.

Для стран с переходной экономикой можно добавить (OECD EAP Task Force, 2000[1]):

- исключение нефинансируемых мандатов в сферах охраны окружающей среды, государственных услуг и социальной сфере;
- простота и понятность.

Для достижения вышеперечисленных результатов необходимо:

- обеспечить надлежащее управление органом регулирования;

- обеспечить надлежащую интеграцию всех составляющих СЭР, координацию их деятельности и коммуникацию между ними.

Система экономического регулирования в Молдове вынуждена функционировать в двух основных контекстах:

- отраслевая политика: цели отраслевой политики Республики Молдова на национальном и международном уровнях;
- потенциал: характеристика поставщиков услуг ВСиВО и заинтересованных сторон, включая их количество, производительный потенциал, деятельность, физическое и финансовое состояние.

Отраслевая политика определяет цели и задает направление: что должно быть достигнуто или скорректировано системой экономического регулирования. На международном уровне Молдова взяла на себя обязательства по достижению целей в сфере ВСиВО, закрепленных в Соглашении об ассоциации с ЕС и Целях устойчивого развития (ЦУР), а также в Парижском соглашении по климату. Национальные стратегия и нормативные документы также отражают эти обязательства. Более подробная информация по национальным и международным обязательствам приведена в разделе 1.2.

Имеющийся ограниченный потенциал сдерживает достижение целей отраслевой политики. В секторе ВСиВО Молдовы имеются вызовы, препятствующие результативному освоению средств, регионализации, повышению тарифов, софинансированию, планированию и управлению проектами, которые необходимы для достижения целей отраслевой политики.

Как представлено на рисунке ниже (Рисунок 1.1), необходимо найти баланс между целями отраслевой политики и финансовыми и человеческими ресурсами, планированием, управлением и потенциалом освоения средств. Целью надежной СЭР является достижение такого баланса и поддержание его.

Рисунок 1.1. Контекст, в котором должна функционировать СЭР

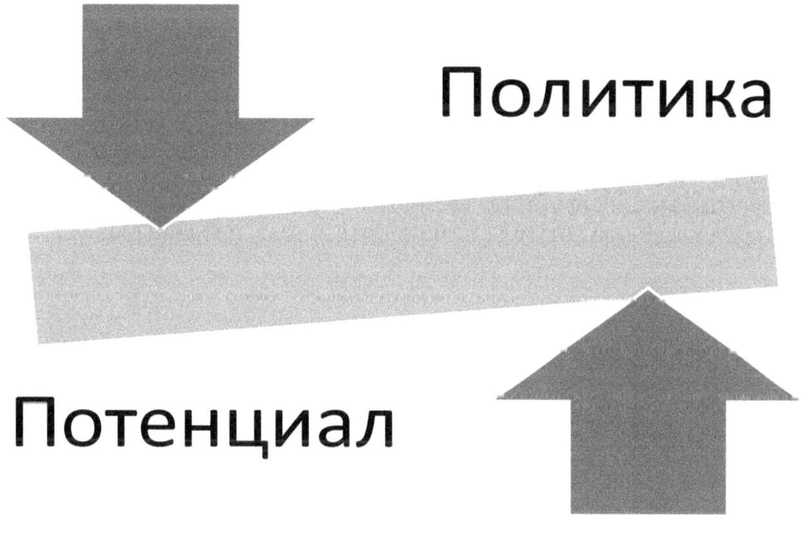

Источни: Собственная разработка автора.

Цели отраслевой политики

Нормативно-правовая база сектора ВСиВО в Молдове определена. Задачи обозначены в:

- Соглашении об ассоциации между ЕС и Молдовой;
- Целях устойчивого развития и Парижском соглашении по климату;
- Национальных политиках и стратегиях (включая стратегию по ВСиВО и адаптацию к изменению климата) (UNDP, 2009[2]).

Соглашение об ассоциации

Соглашение об ассоциации с ЕС (2014 г.), вступившее в силу 1 июля 2016 года, предполагает, в частности, соблюдение соответствующих директив ЕС по воде, включая:

- Рамочную директиву по воде (РДВ).

В отношении Директивы Европейского парламента и Совета Европейского Союза № 2000/60/ЕС от 23 октября 2000 года, устанавливающей основы для деятельности Сообщества в области водной политики, в редакции Решения № 2455/2001/ЕС Соглашение об ассоциации предусматривает:

- адаптацию национального законодательства и создание компетентных органов в течение 3 лет с момента вступления в силу Соглашения об ассоциации;
- проведение анализа бассейновых округов (БО) и учреждение программ мониторинга объемов и качества воды в течение 6 лет;
- подготовка, проведение консультаций и публикация планов управления БО в течение 8 лет.

- Директива об очистке городских сточных вод

В отношении Директивы Совета Европейского Сообщества № 91/271/ЕЕС от 21 мая 1991 года об очистке городских сточных вод в редакции Директивы № 98/15/ЕС и Постановления (ЕС) № 1882/2003 был согласован следующий график:

- адаптация национального законодательства и создание компетентного (-ых) органа (-ов) в течение 3 лет;
- проведение оценки состояния системы сбора и очистки городских сточных вод в течение 5 лет;
- идентификация наиболее важных участков и агломераций в течение 6 лет;
- подготовка технических и инвестиционных программ для выполнения требований по очистке городских сточных вод в течение 8 лет.

- Директива об оценке и управлении рисками, связанными с наводнениями

В отношении Директивы Европейского парламента и Совета Европейского Союза № 2007/60/ЕС от 23 октября 2007 года об оценке и управлении рисками, связанными с наводнениями, Соглашение об ассоциации устанавливает следующие сроки ее внедрения:

- адаптация национального законодательства и создание компетентного (-ых) органа (-ов) в течение 3 лет;
- проведение предварительной оценки рисков наводнений в течение 4 лет;
- подготовка карт потенциально затопляемых зон и карт рисков наводнений в течение 6 лет;
- утверждение планов управления рисками наводнений в течение 8 лет.

- Директива о качестве воды, предназначенной для потребления людьми

В отношении Директивы Совета Европейского Союза № 98/83/ЕС от 3 ноября 1998 года о качестве воды, предназначенной для потребления людьми, в редакции Постановления (ЕС) № 1882/2003 Соглашение об ассоциации устанавливает следующие сроки ее внедрения:

- адаптация национального законодательства и создание компетентного (-ых) органа (-ов) в течение 3 лет;
- установление стандартов качества питьевой воды в течение 4 лет;
- создание системы мониторинга и механизма предоставления информации потребителям в течение 6 лет.

- Директива об охране вод от загрязнения нитратами

В отношении Директивы Совета Европейского Сообщества № 91/676/ЕЕС от 12 декабря 1991 года об охране вод от загрязнения нитратами из сельскохозяйственных источников в редакции Постановления (ЕС) № 1882/2003 установлены следующие сроки внедрения:

- адаптация национального законодательства и создание компетентного (-ых) органа (-ов) в течение 3 лет;
- выявление загрязненных вод либо вод, подверженных риску загрязнения, и обозначение уязвимых зон, утверждение планов действий и разработка кодексов надлежащей сельскохозяйственной практики в уязвимых зонах в течение 5 лет.

Внедрение требований вышеперечисленных директив – дело дорогостоящее. Основные расходы по гармонизации понесут потребители услуг ВСиВО, и лишь расходы по внедрению Директивы об охране вод от загрязнения нитратами можно возложить на сельскохозяйственный и промышленный сектора. Дополнительно сектор ВСиВО возьмет на себя расходы на принятие мер по адаптации к изменению климата, заявленных в Соглашении об ассоциации, хотя они и не будут слишком большими (OECD EAP Task Force, 2013[3]). В разделе 2.4 приводятся прогнозируемые затраты на ассоциацию с ЕС.

В статье 9 Рамочной директивы по воде содержатся два принципа, оказывающих далеко идущее воздействие на СЭР:

1. **Полное возмещение затрат**, т.е. затраты на ВСиВО должны включать в себя не только эксплуатационные и капитальные затраты, но также издержки, связанные с загрязнением окружающей среды, и экономическую стоимость ресурсов, связанные с предоставлением услуг ВСиВО.
2. **Принцип «загрязнитель платит»** т.е. лицо, ответственное за деградацию окружающей среды, должно возместить связанные с этим издержки

общества. Этот принцип также можно рассматривать как продолжение первого принципа.

Эти два принципа подразумевают полное покрытие потребителями затрат на предоставленные им услуги ВСиВО. В большинстве городов, включая Кишинев, действующие тарифы покрывают лишь часть всех затрат. В приложении А приведена таблица со ставками тарифов в зонах обслуживания 40 основных водоканалов (которые в Молдове называются *апэканалами – прим. перев.*).

Цели устойчивого развития

Вторым рядом целей политики, которые установлены на высоком уровне, являются Цели устойчивого развития (ЦУР), связанные с ВСиВО. ЦУР 6 нацелена на обеспечение наличия и рационального использования водных ресурсов и санитарии для всех. Ее задачи поясняют право человека на воду, которое означает доступность для всех достаточных, безопасных и недорогих водных ресурсов для личного и бытового пользования (КЭСКП ООН – Замечание общего порядка № 15, § 2). Основными задачами ЦУР 6 по воде и санитарии (которые необходимо достигнуть к 2030 году, если ниже не указано иное) являются:

- обеспечить всеобщий и равноправный доступ к безопасной и недорогой питьевой воде (100 % населения);
- уменьшить загрязнение воды;
- повысить эффективность водопользования;
- обеспечить комплексное управление водными ресурсами (КУВР) на всех уровнях, в том числе на основе трансграничного сотрудничества;
- обеспечить охрану и восстановление связанных с водой экосистем (к 2020 году).

По каждой задаче ЦУР 6 сформулированы показатели. Полный обзор задач и показателей ЦУР 6 приведен в таблице ниже (Таблица 1.1).

Таблица 1.1. Обязательства Молдовы по достижению ЦУР

ЗАДАЧИ		ПОКАЗАТЕЛИ	
6.1	К 2030 году обеспечить всеобщий и равноправный доступ к безопасной и недорогой питьевой воде	6.1.1	Доля населения, пользующегося услугами водоснабжения, организованного с соблюдением требований безопасности
6.2	К 2030 году обеспечить всеобщий и равноправный доступ к надлежащим санитарно-гигиеническим средствам и положить конец открытой дефекации, уделяя особое внимание потребностям женщин, девочек и лиц, находящихся в уязвимом положении	6.2.1	Доля населения, использующего туалетами, организованными с соблюдением требований безопасности и санитарии и имеющими устройства для мытья рук с мылом и водой
6.3	К 2030 году повысить качество воды посредством уменьшения загрязнения, ликвидации сброса отходов и сведения к минимуму выбросов опасных химических веществ и материалов, сокращения вдвое доли неочищенных сточных вод и значительного увеличения масштабов рециркуляции и безопасного повторного использования сточных вод во всем мире	6.3.1	Доля безопасно очищаемых сточных вод
		6.3.2	Доля водоемов с хорошим качеством воды
6.4	К 2030 году существенно повысить эффективность водопользования во всех секторах и обеспечить устойчивый забор и подачу пресной воды для решения проблемы нехватки воды и значительного сокращения числа людей, страдающих от нехватки воды	6.4.1	Динамика изменения эффективности водопользования
		6.4.2	Уровень нагрузки на водные ресурсы: забор пресной воды в процентном отношении к имеющимся запасам пресной воды
6.5	К 2030 году обеспечить комплексное управление водными ресурсами на всех уровнях, в том числе при необходимости на основе трансграничного сотрудничества	6.5.1	Степень внедрения комплексного управления водными ресурсами (от 0 до 100)
		6.5.2	Доля трансграничных водных бассейнов, охваченных действующими договоренностями о сотрудничестве в области водопользования
6.6	К 2020 году обеспечить охрану и восстановление связанных с водой экосистем, в том числе гор, лесов, водно-болотных угодий, рек, водоносных слоев и озер	6.6.1	Динамика изменения площади связанных с водой экосистем
6.A	К 2030 году расширить международное сотрудничество и поддержку в деле укрепления потенциала развивающихся стран в осуществлении деятельности и программ в области водоснабжения, водоотведения и санитарии, включая сбор поверхностного стока, опреснение воды, повышение эффективности водопользования, очистку сточных вод и применение технологий рециркуляции и повторного использования	6.A.1	Объем официальной помощи в целях развития, выделенной на водоснабжение, водоотведения и санитарию в рамках координируемой государственной программы расходов
6.B	Поддерживать и укреплять участие местных общин в улучшении водного хозяйства и санитарии	6.B.1	Доля местных административных единиц, в которых действуют правила и процедуры участия граждан в управлении водными ресурсами и санитарией

Источник: (UN, 2015), «Повестка дня в области устойчивого развития на период до 2030 года», https://sustainabledevelopment.un.org/content/documents/21252030%20Agenda%20for%20Sustainable%20Development%20web.pdf.

Некоторые из оставшихся 16 ЦУР также связаны с ВСиВО, как например: ЦУР 11 (устойчивые города и населенные пункты) и ЦУР 13 (меры по борьбе с изменением климата). Мониторинг хода достижения целей устойчивого развития с учетом данных по показателям проводится на национальном уровне. При поддержке Программы развития Организации Объединенных Наций (ПРООН) Молдова завершила идентификацию источников данных и их владельцев. Для осуществления объективного мониторинга хода достижения ЦУР в Молдове предстоит многое еще сделать. При завершении составления настоящего отчета были доступны данные лишь по трем из десяти показателей ЦУР 6.

Более того, глобальные ЦУР должны стать приоритетами на национальном уровне и быть интегрированы в нормативно-правовую базу отраслевой и бюджетной политики. Предварительный анализ, проведенный ПРООН, показывает, что большинство задач ЦУР 6 лишь частично включены в национальную политику, в частности, по причине ее нечеткости или непоследовательности. Здесь многое предстоит сделать, также как в постановке задач на национальном уровне и установлении показателей для проведения мониторинга хода достижения ЦУР. К счастью, статьи в Соглашении об ассоциации с ЕС, связанные с водой, прекрасно сочетаются с задачами ЦУР 6.

Предварительный анализ внедрения ЦУР в приоритеты на национальном уровне также показывает, что по некоторым задачам ЦУР 6 – уже включенным в конкретные задачи стратегии национальной политики – Молдова достигнет хороших результатов к 2030 году.

Парижское соглашение по климату подчеркивает важность достижения ЦУР в Молдове, поэтому его воздействие на требования к СЭР отдельно не анализируется далее в настоящем отчете.

Национальные политики и стратегии

В дополнение к международным обязательствам следующие документы национальной политики и стратегического планирования определяют ожидания от СЭР на ближайшие годы:

- Национальная стратегия развития «Молдова - 2020»

Из трех документов национальной политики и стратегического планирования, связанных с ВСиВО, Национальная стратегия развития является самым важным. Это обусловлено тем, что данный документ разрабатывался рядом сотрудничающих между собой министерств как всеобъемлющая социально-экономическая стратегия.

Согласно различным исследованиям обеспечение доступа к чистой воде и системами водоотведения и санитарии – наиболее экономически оправданное мероприятие в области развития и крайне важное для ликвидации нищеты. Исходя из этого, несколько странно, что вода упоминается в Национальной стратегии развития лишь эпизодически по сравнению, например, с образованием и транспортом, тогда как доступ к воде часто является условием для организации образования и повышения мобильности. Национальная стратегия развития не содержит формулировок конкретных целей отраслевой политики для сектора ВСиВО.

- Стратегия водоснабжения и санитации (2014–2028 гг.)

Задачей национальной Стратегии водоснабжения и санитации (водоотведения) является приведение законодательства РМ в соответствие с нормативно-правовой базой ЕС (*Acquis communautaire*), включая финансирование. Ее инвестиционными приоритетами являются:

- развитие сетей водоснабжения (+1400 км);
- развитие сетей водоотведения (+511 км);
- строительство или восстановление 42 водоочистных сооружений (ВОС);
- строительство или восстановление 49 канализационных очистных сооружений (КОС).

Стратегия выступает за регионализацию услуг ВСиВО с целью повышения потенциала результативного освоения средств, улучшения системы управления и снижения эксплуатационных затрат.

- Стратегия окружающей среды (2014–2023 гг.)

Прогнозируется, что уже в 2020-х годах, самое позднее в начале 2030-х годов Молдова будет испытывать нехватку воды (UNDP, 2009[3]). При отсутствии мер по адаптации к изменению климата это станет препятствием к дальнейшему экономическому росту. Национальная стратегия окружающей среды включает адаптацию к изменению климата, расширение доступа к услугам ВСиВО, очистку сточных вод и надлежащее обращение с отходами, в том числе с осадком КОС.

Основной целью является обеспечение доступа к услугам водоснабжения, организованного с соблюдением требований безопасности, для 80 % населения и к услугам и системам водоотведения и санитарии для 65 % населения к 2023 году (Таблица 1.2). На настоящий момент эта цель достигнута в отношении городского населения, однако, учитывая, что 55 % населения Молдовы проживает в сельской местности, достижение поставленной цели на селе является несомненным вызовом.

Стратегия водоснабжения и санитации (водоотведения) разрабатывалась в 2011–2012 гг., Стратегия окружающей среды – позднее. Обе Стратегии являются правительственными документами с одинаковым статусом, не связанными друг с другом. Правительство Молдовы обязано выполнить обе стратегии (также, как и Национальную стратегию развития).

Таблица 1.2. Цели национальной Стратегии окружающей среды (на 2014–2023 гг.), которые относятся к ВСиВО

№	Название мероприятия	Срок реализации	Ответственный институт	Целевые показатели	Прогнозируемые затраты, молд. лей	Источники финансирования
65	К 2023 году обеспечить развитие инфраструктуры ВСиВО и доступ к системам водоснабжения и водоотведения, организованным с соблюдением требований безопасности, для 80 % населения; развитие региональных систем ВСиВО: Сороки – Бельцы, Вадул-луй-Водэ – Кишенев – Страшены – Калараш, Прут – Леова – Бессарабка – Чимишлия и Чадыр – Лунга.	2023 г.	Министерство окружающей среды; Министерство регионального развития и строительства	Акведуки, сети водоотведения – построены; население к водоочистным сооружениям – подключено	3 910 415 850	Государственный бюджет; иностранные инвестиции и помощь; Национальный экологический фонд; Национальный фонд регионального развития
66	Продвижение принципов рыночной экономики и государственно-частного партнерства в сфере ВСиВО	2015 г.	Министерство окружающей среды; Министерство экономики	Экономические инструменты – применены, государственно-частное партнерство – установлено	105 600	Государственный бюджет
67	Проведение оценки состояния системы сбора и очистки городских сточных вод и идентификация важных и менее важных участков	2020 г.	Министерство окружающей среды; Министерство здравоохранения	Оценочное исследование – проведено; важные зоны – идентифицированы	В рамках утвержденного государственного бюджета	Государственный бюджет; иностранная помощь
68	Разработка технических и инвестиционных программ для имплементации требований к очистке городских сточных вод в соответствии с положениями *Директивы Совета Европейского Сообщества № 91/271/EEC от 21 мая 1991 года об очистке городских стоков*	2022 г.	Министерство окружающей среды	Положения Директивы – перенесены и внедрены	2 825 068 800	Государственный бюджет; иностранная помощь

Источник: (UNEP, 2014[5]), “Environmental Strategy for the years 2014-2023” (*«Экологическая Стратегия на 2014-2023 гг.»*) https://www.unenvironment.org/resources/report/environmental-strategy-years-2014-2023.

Функционирование сектора водоснабжения и водоотведения

Масштабная повестка отраслевой политики по ВСиВО в Молдове должна реализовываться в условиях развивающейся институциональной и регуляторной среды, а также сложной экономической ситуации. ВВП по паритету покупательной способности на душу населения в Молдове составляет всего 55 % от среднего уровня стран Юго-Восточной Европы, не входящих в ЕС, что безоговорочно классифицирует Молдову как самую бедную европейскую страну. На рисунке ниже (Рисунок 1.2) представлено состояние сектора ВСиВО в Молдове в сравнении с другими странами Дунайского бассейна, тогда как в приложении 1.A приводится сравнение средних значений показателей сектора ВСиВО в Молдове и других странах бассейна реки Дунай, не входящих в ЕС.

Рисунок 1.2. Показатели деятельности сектора ВСиВО Молдовы в сравнении с другими странами

Источник: Собственная разработка автора на основе данных, взятых с веб-сайта «Программного проекта наращивания потенциала Дунайского региона в области водоснабжения и водоотведения» (Water and Wastewater Services in the Danube Region): www.danube-water-program.org (по состоянию на 13 июня 2017 г.).

Сектор ВСиВО в Молдове значительно отстает от такового в странах Центральной и Юго-Восточной Европы по:

- Доступу к услугам (охвату услугами) ВСиВО: приблизительно 65 % населения имеют доступ к услугам централизованного водоснабжения; при этом доля населения, имеющего доступ к услугам водоотведения, все еще значительно ниже.
- Очистке сточных вод: к канализации подключено 24 % населения.
- Численности персонала в 2–3 раза превышает контрольный уровень в 3–5 сотрудников на 1000 подключений типа «водоснабжение плюс канализация».
- Ценовой доступности услуг: у большой доли населения Молдовы расходы на услуги ВСиВО превышают 5 % общих расходов домохозяйства, по данным недавно проведенной оценкой доступности услуг (см. Рисунок 2.5).
- Инвестиции в ВСиВО из собственных средств предприятий на душу населения в среднем на 30 % ниже, чем в других странах Юго-Восточной

Европы, не входящих в ЕС, и на 90 % ниже среднего значения по странам бассейна реки Дунай (т.е. включая страны-новые члены ЕС из бассейна реки Дунай).

Тогда как по указанным ниже показателям Молдова соответствует средним показателям стран Центральной и Юго-Восточной Европы:

- потери воды (на настоящий момент: 41 %);
- удовлетворенность клиентов;
- покрытие эксплуатационных затрат тарифом (на настоящий момент: 0,99 по сравнению с эталонным показателем 1,5) (для более подробной информации: Таблица 1.3 и Рисунок 1.3).

в отношении других показателей сохраняются серьезные проблемы (Pienaru et al., 2014[5]):

Таблица 1.3. Данные IBNET по ВСиВО в Молдове (2012–16 гг.) (на основе данных 43 крупнейших городских предприятий ВСиВО)

	2012 г.	2013 г.	2014 г.	2015 г.	2016 г.
1.1 Уровень охвата населения услугами водоснабжения (%)	84	81	80	81	81
2.1 Уровень охвата населения услугами водоотведения (%)	70	67	65	66	65
4.1 Общий объем потребления воды (л/чел./сут.)	133	129	125	127	126
4.7 Объем потребления воды домохозяйствами (л/чел./сут.)	103	100	98	100	98
6.1 (физические и коммерческие) потери воды (в % от объема воды, поданной в сеть)	44	41	40	42	44
6.2 (физические и коммерческие) потери воды на км. сети ($м^3$/км/сут.)	30	26	23	24	26
8.1 Объем воды, реализованной по счетчикам (%)	90	88	88	87	74
11.1 Эксплуатационные расходы на предоставление услуг ВСиВО (долл. США/ $м^3$ реализации воды)	1,05	1,13	1,07	0,86	0,70
12.2 Персонал организаций ВСиВО (чел. персонала на 1000 подключений к системам ВСиВО)	15,0	13,0	12,0	12,0	11,0
12.4 Персонал организаций ВСиВО (чел. персонала на 1000 чел., пользующихся услугами ВСиВО)	2,0	1,8	1,8	1,8	1,7
18.1 Средний доход от предоставления услуг ВСиВО (долл. США/ $м^3$ реализации воды)	1,14	1,12	0,99	0,74	0,70
23.1 Период оборота дебиторской задолженности (дни)	282	274	190	174	127
24.1 Коэффициент покрытия эксплуатационных затрат (до начисления амортизации) выручкой от реализации	1,09	0,99	0,94	0,87	1,01

Примечание: вызовы, стоящие перед сектором ВСиВО в Молдове широко задокументированы.
Источник: ((Picnaru et al., 2014[5])); база данных IBNET[1] www.IB-NET.org (по состоянию на 5 апреля 2017 г.).

Рисунок 1.3. Страновая диаграмма IBNET по Молдове (на основе данных 43 крупнейших предприятий ВСиВО)

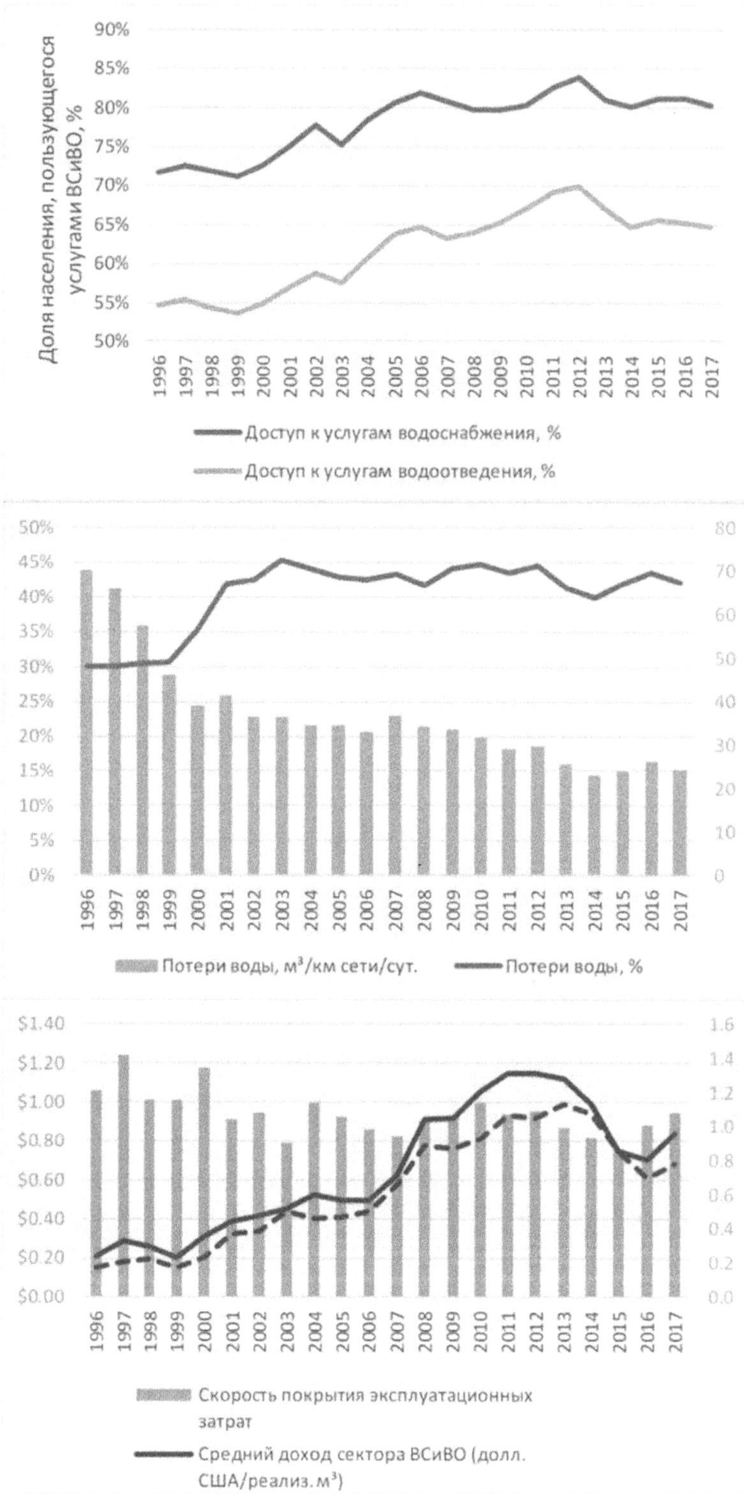

Источник: Собственная разработка автора на основе данных, взятых из базы данных IBNET www.IB-NET.org (по состоянию на 5 апреля 2017 г.).

Требования к системе экономического регулирования сектора ВСиВО в Молдове

Учитывая контраст, существующий между ограниченным потенциалом сектора (человеческие и финансовые ресурсы, результативность освоения средств) и масштабными политическими обязательствами, к системе экономического регулирования ВСиВО в Молдове предъявляются большие требования. Ниже приведены девять требований к СЭР на основании поставленных целей отраслевой политики:

1. Мониторинг повышения эффективности деятельности предприятий ВСиВО и стимулов к этому, а также управление данным процессом.

Вместо того, чтобы сразу применять жесткие стандарты, СЭР должна инициировать развитие, приводящее к повышению эффективности деятельности предприятий ВСиВО. Двумя ключевыми факторами в этом являются прозрачность и проведение переговоров с предприятиями ВСиВО по вопросу траектории пути совершенствования их работы, включая повышение кадрового потенциала, снижение потерь воды, экономное потребление определенных видов энергии и т. д. Этот процесс будет основываться на бизнес-планах (или корпоративной стратегии).

2. Фокусирование усилий на регулировании крупных регионализированных операторов

Румыния и Косово считаются успешными примерами регионализации услуг ВСиВО (с созданием региональных операторов систем ВСиВО – *прим. ред.*). На основе их опыта СЭР в Молдове может рассмотреть возможность полного делегирования муниципалитетам экономического регулирования небольших нерегионализированных операторов.

3. Содействие внедрению устойчивых бизнес-моделей в секторе ВСиВО.

Традиционная модель муниципального предприятия ВСиВО «Апэ-канал» не является стандартным решением или панацеей от всех вызовов, стоящих перед сектором. Хотя регионализация услуг ВСиВО и предусмотрена на бумаге, на практике она едва имеет место. Помимо горизонтальной интеграции существует ряд альтернативных решений, которые могли бы быть приемлемыми в определенных зонах обслуживания. К ним относятся пересмотр и содействие:

- надлежащей степени вертикальной интеграции;
- оптимальному сочетанию водоподготовки, распределения воды, сбора стоков и их очистки, которое может варьироваться от региона к региону и различаться в сельской и городской местностях;
- использованию участия частного сектора, включая аутсорсинг.

4. Возможность повышения тарифов для финансирования эксплуатационных затрат водоочистных сооружений.

При вводе в эксплуатацию водоочистных сооружений тарифы должны быть увеличены для покрытия существенно более высоких эксплуатационных затрат. При не повышении тарифов, водоочистные сооружения не смогут нормально работать по причине недостаточного потока денежных средств.

5. Создание механизмов адресной защиты бедных и уязвимых категорий граждан.

Учитывая необходимость повышения тарифов и право человека на доступ к услугам ВСиВО, требуется система социальной защиты для обеспечения доступа бедных и уязвимых категорий граждан к услугам ВСиВО.

6. Установление единого «порога доступности» услуг ВСиВО для населения, в пределах которого могут расти тарифы.

В отличие от большинства стран Юго-Восточной Европы установление единого «порога доступности» услуг ВСиВО в Молдове реально. В некоторых селах расходы населения на услуги ВСиВО уже превышают обычно используемый «порог доступности» в 4 % от общих расходов домохозяйства, поэтому существует потребность в четком определении «порога (верхнего предела)» доступности услуг. Для соответствия критериям доступности услуг ВСиВО в селах, возможно, понадобиться их включение в городские зоны обслуживания с более состоятельными потребителями, которые будут перекрестно субсидировать сельских потребителей через единый тариф, устанавливаемый для всей зоны обслуживания.

7. Признание необходимости устранения недостатка финансирования посредством использования заемных средств (на доступных условиях) и других форм (возвратного) внешнего финансирования на рыночных принципах.

Прогнозируемый пик капитальных затрат не может быть покрыт одними тарифами, налогами и трансфертами (ТНТ). Для покрытия таких пиков требуется возвратное внешнее финансирование, в основном использование займов от международных финансовых институтов (МФИ). Это может сократить дефицит финансирования, но не устранить его, поскольку только ТНТ в состоянии сделать это, как показано на рисунке ниже (Рисунок 1.4). Это требует от СЭР признания последствий для потока денежных средств, связанных с использованием заемного финансирования из внешних источников. СЭР должна позволять использовать тарифную выручку для исполнения обязательств по обслуживанию долга, если налоги и трансферты не используются для этого.

Рисунок 1.4. Использование возвратного внешнего финансирования для сокращения дефицита финансирования

Источник: (OECD, 2010[6]), Innovative Financing Mechanisms for the Water Sector (*«Инновационные механизмы финансирования водного сектора»*).

8. Адекватные и экономически оправданные пути достижения ЦУР 6, в том числе посредством пересмотра норм и правил проектирования и строительства систем ВСиВО, а также стандартов качества предоставляемых услуг.

Учитывая масштаб вызова, связанного с достижением ЦУР, существует необходимость применения более гибких и приемлемых подходов в секторе ВСиВО, в особенности в сфере водоотведения, и в сельской местности, что должно стать возможным без нарушения каких-либо строительных норм и правил или стандартов.

9. Применение специально отобранных экономических инструментов для софинансирования инвестиционных проектов, особенно в области очистки сточных вод (OECD, 2010[6]).

Рамочная директива по воде призывает к *установлению тарифов за использование воды*, позволяющих полностью покрывать все затраты на основе принципа «загрязнитель платит». Полное покрытие затрат – это не только покрытие эксплуатационных и капитальных затрат, но и затрат на охрану окружающей среды и стоимости природных ресурсов. В Молдове, однако, до 2030 года полное покрытие затрат в секторе ВСиВО невозможно при использовании одних лишь тарифов. Для этого СЭР должна будет использовать другие, дополнительные экономические инструменты, такие как сборы, налоги и иные инструменты рыночной экономики.

Одновременно эти инструменты помогут генерировать денежные средства для софинансирования капитальных вложений в сектор ВСиВО, особенно в области очистки сточных вод.

Резюме требований, предъявляемых к СЭР, приведено в Приложение 1.В. Они были представлены на обсуждение заинтересованным сторонам, а также участникам Совещания на уровне экспертов 16 ноября 2016 года. Также в этом приложении приведен обзор взаимосвязей, необходимого баланса и возможных противоречий, существующих между ними; из него видно, что в целом требования, предъявляемые к системе экономического регулирования ВСиВО, совместимы либо могут быть согласованы между собой.

Примечание

[1] Международная сеть сравнительного анализа данных (IBNET) по сектору ВСиВО предоставляет онлайн-доступ к крупнейшей в мире базе данных по работе предприятий ВСиВО на www.ib-net-org.

Ссылки

CASTALIA (2005), , *Defining Economic Regulation for the Water Sector*, https://ppiaf.org/sites/ppiaf.org/files/documents/toolkits/Cross-Border-Infrastructure-Toolkit/Cross-Border%20Compilation%20ver%2029%20Jan%2007/Resources/Castalia%20-%20Defining%20Economic%20%20Regulation%20Water%20Sector.pdf. [1]

OECD (2010), *Innovative Financing Mechanisms for the Water Sector*, OECD Studies on Water, OECD Publishing, Paris, http://dx.doi.org/10.1787/9789264083660-en. [7]

OECD EAP Task Force (2013), *Adapting Water Supply and Sanitation to Climate Change in Moldova*, https://www.oecd.org/environment/outreach/Feasible%20adaptation%20strategy%20for%20WSS%20in%20Moldova_ENG%20web.pdf. [4]

OECD EAP Task Force (2000), *Guiding Principles for Reform of the Urban Water Supply and Sanitation Sector in the NIS.* [2]

Pienaru, A. et al. (2014), *Modernization of local public services in the Republic of Moldova*, http://www.serviciilocale.md/public/files/prs/2014_09_18_WSS_RSP_DRN_FINAL_EN.pdf. [6]

UNDP (2009), “Climate Change in Moldova”, http://hdr.undp.org/sites/default/files/nhdr_moldova_2009-10_en.pdf (была доступна 7 февраля 2018 года) [3]

UNEP (2014), *Environmental strategy years 2014-2023*, https://www.unenvironment.org/resources/report/environmental-strategy-years-2014-2023. [5]

Приложение 1.A. Сравнение усредненных показателей секторов ВСиВО Молдовы и стран бассейна реки Дунай, не входящих в ЕС (отраслевые данные взяты из Дунайской транснациональной программы)

Показатель	Год	Источник	Значение для Молдовы	Усредненное значение по странам, не входящим в ЕС	Усредненное значение по странам бассейна реки Дунай	Наилучшее значение по странам бассейна реки Дунай
			Контекст предоставления услуг			
			Социально-экономическая ситуация			
Население (млн человек)	2013	Всемирный банк 2015	3,559	24,524	8,451	н/д
Темпы прироста населения (средний темп прироста населения за период 1990–2013 гг.) (%)	1990-2013	Всемирный банк 2015	-0,16	-0,54	-0,37	н/д
Доля городского населения (%)	2013	Всемирный банк 2015	45	67	63	н/д
ВВП на душу населения, по ППС (по текущему курсу, межд. долл.)	2013	Всемирный банк 2015	4 669	8 489	16 902	н/д
Доля бедного населения (2,50 долл. США в день по ППС) (в % от всего населения)	2011	Всемирный банк 2015	7,07	0,64	1,65	н/д
			Административные организации			
Число единиц местного самоуправления (муниципалитеты)	2011	МВФ 2012	981	6 303	1 987	н/д
Средний размер единиц местного самоуправления (чел.)	2013	Разработка автора	3 628	3 891	4 253	н/д
			Водные ресурсы			
Наличие возобновляемых ресурсов пресной воды (м³/чел./год)	2008-12	ФАО, АКВАСТАТ 2015	3 315	9 156	7 070	н/д
Годовой забор пресной воды на нужды домохозяйств (% общего забора воды)	2013	Всемирный банк 2015	14	20	26	н/д
Доля поверхностных вод как источника питьевой воды (%)	2014	МКОРД 2015	33	27	31	н/д
			Организация предоставления услуг			
Число официальных поставщиков услуг водоснабжения	2012	АМАС 2015	52	824	661	н/д
Численность обслуживаемого населения, в среднем (чел.)	2013	Разработка автора	29 430	18 882	9 496	н/д
Преобладающий тип поставщиков услуг	Акционерные компании по предоставлению услуг водоснабжения и водоотведения					
Охват услуг	Водоснабжение и/или водоотведение					

Вид собственности	В публичной собственности
Географический охват	Муниципальный
Наличие законов, регулирующих услуги водоснабжения	Да
Наличие отраслевого министерства	Нет
Наличие регуляторного агентства	Да (НАРЭ)
Наличие показателей деятельности предприятий ВСиВО в открытом доступе	Да (www.amac.md)
Наличие национальной ассоциации предприятий ВСиВО	Да (АМАС с участием не всех предприятий ВСиВО)
Участие частного сектора	Нет

Показатель	Год	Источник	Значение для Молдовы	Усредненное значение по странам, не входящим в ЕС	Усредненное значение по странам бассейна реки Дунай	Наилучшее значение по странам бассейна реки Дунай
Доступ к услугам						
Водоснабжение						
Водоснабжение – средний охват населения (%)	2010	Разработка автора	51	71	83	100
Водоснабжение – охват населения с доходами ниже 40 % от медианного дохода (%)	2010	Разработка автора	27	61	76	100
Водоснабжение – охват населения с доходами ниже 2,5 долл. США/день по ППС (%)	2010	Разработка автора	10	39	61	100
Включая коммунальное водоснабжение – средний охват (%)	2010	НБС РМ 2010	43	63	74	99
Санитария и канализация						
Туалет со смывным бачком – средний охват населения (%)	2010	Разработка автора	35	69	79	99
Туалет со смывным бачком – охват населения с доходами ниже 40 % от медианного дохода	2010	Разработка автора	15	60	70	98
Туалет со смывным бачком – охват населения с доходами ниже 2,50 долл. США/день, по ППС (%)	2010	Разработка автора	5	38	54	100
Включая оборудованные канализацией средний охват населения (%)	2012	IBNET 2015	38	70	66	94
Очистка сточных вод						
Подключение к КОС (%)	2013	IBNET 2015	24	36	45	95
Предоставление услуг						
Качество услуг						
Объем потребления воды домашними хозяйствами (л/чел./сут.)	2012	АМАС 2015	126	116	122	н/д

Показатель	Год	Источник	Значение для Молдовы	Усредненное значение по странам, не входящим в ЕС	Усредненное значение по странам бассейна реки Дунай	Наилучшее значение по странам бассейна реки Дунай
Продолжительность водоснабжения (час./сут.)	2012	IBNET 2015	21	17	20	24
Качество питьевой воды (% проб, полностью соответствующих требованиям к качеству)	2014	Mediu 2014	86	86	93	99,9
Качество очистки стоков (% проб, полностью соответствующих требованиям по $БПК_5$)	-	-	-	н/д	79	100
Засоры на сетях канализации (кол-во/км/год)	2013	IBNET 2015	12,1	12,1	5,0	0,2
Удовлетворенность потребителей (доля населения, довольного качеством предоставляемых услуг, %)	-	Gallup 2013	61	44	63	95
Эффективность						
Потери воды (%)	2013	IBNET 2015	41	31	35	16
Потери воды (м^3/км/сут.)	2013	IBNET 2015	25,5	59	35	5
Производительность труда (в ВСиВО) (число сотрудников/ на 1000 подключений)	2012	AMAC 2015	13,3	13,3	9,6	2,0
Производительность труда (в ВСиВО) (число сотрудников/ на 1000 обслуживаемых потребителей)	2013	IBNET 2015	2,2	2,0	1,7	0,4
Эффективность сбора платежей по выставленным счетам (выручка от реализации «по кассе» к выручке «методом начисления» / по выставленным счетам) (%)	2012	AMAC 2015	92	98	98	116
Измерение объемов потребляемой воды (кол-во подкл. со счетчиками-водомерами/кол-во подкл.) (%)	2012	IBNET 2015	80	70	84	100
Показатель деятельности предприятий ВСиВО	н/д	Разработка автора	58	59	69	94
Финансирование услуг						
Источники финансирования						
Общее финансирование сектора (евро/чел./год)		Разработка автора	17	21	62	н/д
Общее финансирование сектора (доля в ВВП) (%)		Разработка автора	0,5	0,35	0,45	н/д
Доля затрат на предоставление услуг, покрываемых тарифной выручкой (% от общей суммы затрат)		Разработка автора	86	65	67	н/д
Доля затрат на предоставление услуг,		Разработка автора	5	30	13	н/д

покрываемых поступлениями от налогов (% от общей суммы затрат)						
Доля затрат на предоставление услуг, покрываемых поступлениями от трансфертов (% от общей суммы затрат)		Разработка автора	9	5	20	н/д
Затраты на предоставление услуг						
Усредненный объем годовых инвестиций (доля общего объема инвестиций в сектор) (%)		Разработка автора	13	14	38	н/д
Усредненный объем годовых инвестиций (евро/чел./г.)		Разработка автора	2	3	23	н/д
Оценочный объем инвестиций, необходимый для достижения целей (евро/чел./г.)	2013-2017	Эптиса 2012	11	15	43	н/д
из которых на водоотведение (%)		Разработка автора	67	42	61	н/д
Покрытие затрат						
Средний тариф для домохозяйств (за услуги ВСиВО включительно) (евро/м³)	2012	AMAC 2015	0,85	0,51	1,32	н/д
Затраты на ЭиТО (евро/м³)		Разработка автора	0,76	0,69	1,20	н/д
Покрытие эксплуатационных расходов (выручка от реализации/эксплуатационные затраты, пропорция)	2012	IBNET 2015	0,99	0,75	0,96	1,49
Финансовая доступность услуг						
Расходы на ВСиВО по выставленным счетам в % от средних доходов населения	2010	Разработка автора	4,5	2,1	2,6	н/д
Расходы на ВСиВО по выставленным счетам в % от доходов населения с доходом ниже 40 % от медианного дохода (%)	2010	Разработка автора	6,8	2,9	3,8	н/д
Доля домохозяйств с расходами на ВСиВО по выставленным счетам более 5 % от среднего уровня доходов (%)	2010	Разработка автора	32,2	2,7	14,1	н/д
Устойчивость услуг						
Оценка устойчивости сектора	н/д	Разработка автора	50	54	64	96

Источник: Веб-сайт проекта «Услуги водоснабжения и водоотведения в Дунайском регионе» (*Water and Wastewater Services in the Danube Region*): www.danube-water-program.org (по состоянию на 13 июня 2017 года) и собственная разработка автора.

Приложение 1.B. Взаимосвязи для нахождения баланса и возможные конфликты между требованиями к СЭР

	Стимулы (1)	Регионализация (2)	Бизнес-модели (3)	Тарифы (4)	Меры социальной поддержки (5)	Финансовая доступность (6)	Внешнее финансиро-вание (7)	Экономически эффективные капитальные вложения CAPEX (8)	Экономичес-кие инструменты в секторе ВСиВО (9)
Стимулы (1)	Равнозначны	Могут стимулировать регионализацию	Будут нейтральны по отношению к применяемой бизнес-модели*	Могут быть включены в тарифы*	Могут нейтрализовать меры социальной поддержки*	Воздействуют на затраты/ выгоды и (косвенно) на доступность услуг*	Будут нейтральны по отношению к внешнему финансирова-нию*	Могут повлиять на затраты/ выгоды от (конкретных) экономически эффективных капитальных затрат (capex)*	Являются активным компонентом экономических инструментов
Регионализа-ция (2)	Для проведения регионализации требуется большее количество стимулов	Равнозначны	Является одной из альтернативных бизнес-моделей	Регионализация может привести к гармонизации тарифов*	Сама по себе может рассматриваться (в долгосрочной перспективе) как мера социальной поддержки	Повышает доступность услуг (в долгосрочной перспективе)	Облегчает доступ к внешнему финансирова-нию	Позволяет осуществлять более экономически эффективные капитальные вложения CAPEX	Позволяет более эффективно применять экономические инструменты
Бизнес-модели (3)	Внедрение большего количества бизнес-моделей стимулирует более эффективное	Имеют больший потенциал в контексте регионализации	Равнозначны	Может потребоваться применение дифференцирован-ных тарифов по предоставлению	Не повлияют на необходимость оказания мер социальной поддержки*	Могут повысить доступность услуг	Могут быть (также) разработаны для привлечения внешнего	Могут способствовать принятию экономически эффективных капитальных затрат CAPEX	Обеспечат единообразное применение экономических инструментов*

	предоставление услуг			дифференцированных услуг*			финансирования		
Тарифы (4)	Предоставят стимулы операторам и потребителям	В целом будут гармонизированы в регионах	Тарифная система затронет все бизнес-модели*	Равнозначны	Структура тарифа может влиять на меры социальной поддержки*	Воздействуют на доступность*	(Будущие) тарифы позволят привлечь внешнее финансирование	Будут стимулировать операторов к осуществлению экономически эффективных капитальных вложений CAPEX*	Являются основным классом экономических инструментов
Меры социальной поддержки (5)	Могут облегчить применение стимулов	Смягчат любое (временное) отрицательное воздействие регионализации на общество	В целом, могут облегчить принятие альтернативных бизнес-моделей	Могут смягчить воздействие повышения тарифов	Равнозначны	Напрямую повышают доступность услуг для части населения	Повышают финансовую доступность услуг и, следовательно, устраняют возможные препятствия для внешнего финансирования	Не должны применяться для оправдания финансово неподъемных капитальных затрат CAPEX***	Могут облегчить применение экономических инструментов*
Финансовая доступность (6)	Может ограничить применение стимулов*	Может являться причиной проведения регионализации, но также может и препятствовать этому процессу**	Может являться причиной выбора альтернативных бизнес-моделей	Может установить пределы для роста тарифов	Является основной причиной применения мер социальной поддержки	Равнозначны	Может отпугнуть внешних инвесторов*	Является основным аргументом для осуществления экономически эффективных капитальных вложений CAPEX	Может препятствовать применению экономических инструментов*
Внешнее финансирование (7)	Предоставляет стимулы для повышения эффективности деятельности	Может напрямую способствовать запуску процесса регионализации	Может быть получено благодаря использованию устойчивых бизнес-моделей	Может оказывать возрастающее давление на тарифы	Может подчеркнуть необходимость принятия мер социальной поддержки	Может вступать в конфликт с финансовой доступностью услуг*	Равнозначны	Может стимулировать осуществление экономически эффективных капитальных вложений CAPEX	Будет совместимо с экономическими инструментами*
Экономически эффективные капитальные	Могут нейтрализовать/	Больше возможностей применения в	Могут осуществляться благодаря	Благодаря экономической эффективности	Снижают потребность в широкомасштаб-	Позволяют тарифам	Облегчают доступ к внешнему	Равнозначны	Могут нейтрализовать/ изменить

вложения CAPEX (8)	изменить воздействие стимулов	контексте регионализации	применению устойчивых бизнес-моделей	способствуют удержанию низких ставок тарифов	ных мерах социальной поддержки	оставаться доступными	финансирова-нию		воздействие экономических инструментов
Экономические инструменты для сектора ВСиВО (9)	Разработаны для предоставления стимулов	Легче применять к регионализо-ванным операторам	Будут нейтральны по отношению к примененной бизнес-модели*	Могут быть включены в тарифы, а могут применяться в дополнение к ним	Могут нейтрализовать меры социальной поддержки*	Влияют на доступность услуг*	Будут нейтральны по отношению к использованию внешнего финансирова-ния*	Стимулируют к осуществлению экономически эффективных капитальных вложений CAPEX*	Равнозначны

Примечания: *Требует нахождения баланса.

** Может являться как риском, так и возможностью.

*** Несет в себе потенциальный конфликт.

**** Цифры в скобках относятся к девяти требованиям, предъявляемым к СЭР, которые сформулированы на предыдущих страницах.

Источник: Собственная разработка автора.

2. Система экономического регулирования сектора водоснабжения и водоотведения в Молдове

В настоящей главе характеризуется система экономического регулирования (СЭР) сектора водоснабжения и водоотведения (ВСиВО) в Республике Молдова (далее – Молдова). В частности, характеризуются ее правовые и институциональные основы, основные участники и их области компетенций, деятельность и потенциал. В главе проводится анализ действующей СЭР на фоне предъявляемых к ней требований, сформулированных в главе 1.

В конце главы представлены три сценария, способные помочь разработчикам отраслевой политики в дальнейшем улучшении СЭР в Молдове, с вариантами от устранения недостатков текущей СЭР до пересмотра целей отраслевой политики для сектора ВСиВО, нормативно-правовой базы и ролей различных заинтересованных сторон с последующим полным пересмотром СЭР. Обсуждение данных сценариев состоялось на совещании на уровне экспертов и заседании Координационного совета НДВП в ноябре 2016 года в городе Кишиневе в рамках данного проекта.

Недавние улучшения правовых и институциональных основ сектора ВСиВО

За последние четыре года были усовершенствованы правовые и институциональные основы сектора водоснабжения и водоотведения (ВСиВО) в Республике Молдова (далее – Молдова). Страна предприняла важные шаги по развитию системы экономического регулирования (СЭР) сектора ВСиВО. В 2013 году Молдова приняла Закон № 303 «О публичной услуге водоснабжения и канализации». В сентябре 2014 года Национальное агентство по регулированию энергетики Республики Молдова (НАРЭ) стало компетентным органом регулирования в секторе ВСиВО. Новая методика обоснования и утверждения тарифов (её официальное полное название - «Методология определения, утверждения и применения тарифов на услуги общественного водоснабжения и очистку сточных вод» - *прим. ред.*), на основе которой все предприятия ВСиВО должны подготавливать заявки на утверждение тарифов, была опубликована только в феврале 2015 года (Официальный монитор Республики Молдова № 33–38, ст. 258).

Местная администрация остается компетентным органом по утверждению тарифов за исключением случаев, когда:

- местные советы делегировали свое право на утверждение тарифов Национальному агентству по регулированию энергетики;
- деятельность предприятий ВСиВО подчинена условиям, прописанным в договорах займа, заключенных с международными финансовыми институтами (МФИ).

Однако НАРЭ будет рассматривать и одобрять все тарифные заявки. Если местный совет утвердит более низкие ставки тарифа, чем одобренные НАРЭ, то муниципалитет обязан будет компенсировать оператору недополученный доход.

Помимо регулирования тарифов, НАРЭ чуть позже издало несколько дополнительных так называемых «нормативных документов», которые необходимо подавать вместе с тарифной заявкой. В итоговом нормативном документе определяются допустимые объемы воды, не приносящей дохода, которые принимаются при установлении тарифов. Данный документ был составлен в середине 2016 года – спустя почти два года с того момента, как НАРЭ стало экономическим регулятором сектора. В течение всего этого времени не имелось эффективного механизма установления новых тарифов по ВСиВО. Утверждение тарифов, заявленных несколькими предприятиями ВСиВО в 2015 году, ожидалось к концу 2016 года, однако в марте 2017 года этого все еще не произошло. Это может означать, что подавшим заявки предприятиям придется ждать утверждения новых ставок тарифов еще год или два. Сразу же после одобрения тарифов на заявленный год операторы могут незамедлительно подать заявки на утверждение новых тарифов на последующие годы в соответствии с формулами, приведенными в методике обоснования и утверждения тарифов.

К другим усовершенствованиям СЭР относится запуск процесса регионализации в соответствии с рекомендациями национальной Стратегии водоснабжения и санитации (водоотведения). Однако на практике этот процесс, зависящий от добровольного сотрудничества множества заинтересованных сторон, почти не сдвинулся с места. Также требуется дальнейшая разработка правовой основы. Финансирование за счет льготных займов и Фонда сплочения ЕС было признано ключевым фактором успешного процесса регионализации в Румынии, однако второй источник к Молдове не применим.

В стране наблюдается значительный прогресс в разработке системы мер социальной поддержки, основанной на учете нуждаемости. В этом контексте социальные выплаты помогают также в оплате услуг ВСиВО. Поскольку эти выплаты задуманы как *комплексные меры*, они не будут дополнены особыми мерами по оказанию социальной поддержки в получение доступа и оплате услуг ВСиВО, в т.ч. в переходный период.

И наконец, достигнуты определенные успехи в выполнении **Протокола по проблемам воды и здоровья.** От сторон, подписавших Протокол, требуется постановка задач на национальном и местном уровнях по обеспечению качества питьевой воды и качества сточных вод, а также по очистке поставляемой воды и сточных вод. На основании Протокола, Молдова поставила задачи на национальном уровне и приняла Национальную программу мер по выполнению этих задач. Поскольку Протокол также затрагивает социальные аспекты, то он, следовательно, приводит к изменениям в СЭР.

В мае 2017 года Молдова начала вносить изменения в строительные нормы и правила, изложенные в Градостроительном кодексе. Действовавшие нормы и правила, известные как СНиПы (строительные нормы и правила), были унаследованы с советской эпохи. Их применение приводило к созданию объектов инфраструктуры завышенной мощности, увеличению капитальных и эксплуатационных затрат, из-за чего большинство инвестиционных проектов в сфере ВСиВО становились финансово неподъемными. Новые нормы и правила (утверждены в апреле 2018 года Приказом Министра экономики и инфраструктуры Республики Молдова – *прим. ред.*) решают эту проблему (в части систем водоснабжения малой производительности – *прим. ред.*) и позволяют внедрять передовую международную практику в сфере коммунального водоснабжения, в особенности, сельской местности.

Основные участники СЭР, их области компетенций, деятельность и потенциал

В контексте Молдовы ключевыми участниками и составляющими СЭР, помимо НАРЭ, на момент подготовки данного отчета являлись:

- Министерство окружающей среды и Агентство водных ресурсов «Апеле Молдовей»;
- Министерство регионального развития и строительства (МРРиС);
- Министерство труда, социальной защиты и семьи (МТСЗиС);
- Министерство финансов (Минфин);
- органы местного самоуправления и операторы ВСиВО, и их ассоциации.

Во втором квартале 2016 года команда проекта провела опрос большинства заинтересованных сторон СЭР и раздала им анкеты. На основании результатов опроса и предварительного исследования команда определила основных участников СЭР и их соответствующие роли по состоянию на 1 мая 2017 года. Ниже приведена характеристика участников и их ролей.

Национальное агентство по регулированию энергетики (НАРЭ)

В сентябре 2014 года НАРЭ получило полномочия компетентного экономического регулятора сектора ВСиВО в Молдове. При ответах на вопросы, связанные с нормативно-правовой базой СЭР, НАРЭ заняло формальную, почти легалистскую позицию. Ведущие исследователи экономического регулирования, такие как Берг и др. (2013 г.) и Раус (2007 г.), призывают регулятора при разработке и «настройке» СЭР придерживаться подхода, более ориентированного на диалог.

Согласно результатам опроса, НАРЭ при работе с предприятиями ВСиВО словно оторвано от действительности – агентство не учитывает их реальные потенциал и состояние. Во многом методика обоснования и утверждения тарифов собственной разработки НАРЭ не оставляет организации другого выбора. НАРЭ отметило, что чувствует себя скованным Законом № 303 «О публичной услуге водоснабжения и канализации», который не предоставляет возможности разработки альтернативной методики.

Процесс обоснования и утверждения тарифов мог бы быть скоординирован лучше, чтобы каждому были ясны его роль и сфера ответственности. На практике некоторые предприятия ВСиВО не смогут предоставить всю требуемую регулятором информацию, и у них может возникнуть впечатление, что НАРЭ постоянно запрашивает все новые и более подробные сведения. В этом отношении методика обоснования и утверждения тарифов не предусматривает ответственности регулятора за осуществление надлежащего руководства.

Сам по себе мандат независимого экономического регулятора является продуктом процесса реформирования водного сектора. При завершении составления настоящего отчета проходил пересмотр положений Закона № 303, обеспечивающего данный мандат. До момента публикации поправок к закону регулятор, по-видимому, не обязан учитывать состояние текущей деятельности предприятий и потенциал повышения ее эффективности. Выяснилось, что у Агентства не имеется представления о динамике проведения реформы водного сектора. НАРЭ производит впечатление изолированного участника, далекого от политических дебатов (диалога), тогда как согласно передовой практике регулятор должен выступать в качестве основного участника постоянно ведущихся обсуждений.

Более того, некоторые заинтересованные стороны отмечают, что независимый экономический регулятор на самом деле не является полностью независимым от политического вмешательства. Уже само это видение НАРЭ представляет угрозу, поскольку независимый статус лежит в основе его существования. Подобные обвинения в адрес регулятора также часто выдвигаются и в других странах, однако сложно определить, имеет ли действительно место такое политическое вмешательство. К возможным объяснениям существования этого мнения можно отнести:

- слишком жесткое применение методики обоснования и утверждения тарифов;
- чрезмерно жестко сформулированная методика обоснования и утверждения тарифов;
- для решения любых имеющихся проблем необходимо внесение поправок в Закон № 303.

Положительным событием является создание в недавнем времени ассоциации НАРЭ и румынского Национального агентства по регулированию муниципальных услуг (ANSRC). Однако учреждение подобной ассоциации или запрос технической помощи были бы уместнее до разработки и принятия методики обоснования и утверждения тарифов (см. ниже пример Казахстана).

Министерство окружающей среды

Министерство окружающей среды курирует проведение отраслевой политики, планирование и осуществляет мониторинг различных аспектов охраны окружающей среды, включая ВСиВО. На него возложена ответственность за приведение отрасли в соответствие с требованиями к ВСиВО по Соглашению об ассоциации с ЕС. Это вызов, учитывая весьма ограниченный штат сотрудников министерства, которые призваны проводить комплексные реформы. Также трудно удерживать вопросы, связанные с водными ресурсами, в политической повестке дня: Национальная стратегия развития, например, уделяет вопросам реформы водного сектора лишь ограниченное внимание.

Под эгидой Министерства работают: Агентство водных ресурсов «Апеле Молдовей», в сфере ответственности которого находятся водная инфраструктура; инспекции экологического надзора и Национальный экологический фонд (НЭФ). Несмотря на свое название, на практике НЭФ является экологическим фондом, не ограничивающимся узкими вопросами охраны окружающей среды. Например, в НЭФ направляются доходы от налога на упаковочные материалы. Фонд инвестирует в водоотведение, санитарию и другие природоохранные проекты. На рисунке ниже (Рисунок 2.1) представлены данные о доходах фонда и выделяемых им средствах, тогда как на следующем за ним рисунке (Рисунок 2.2) приведены данные о денежных средствах, выделенных на ВСиВО.

Международный валютный фонд (МВФ) раскритиковал НЭФ за недостаточные последовательность и прозрачность процесса принятия решений. С недавнего времени НЭФ подчиняется общим правилам использования государственного бюджета (Закон № 181 «О публичных финансах и бюджетно-налоговой ответственности» от 25 июля 2014 года, опубликованный в Официальном мониторе Республики Молдова № 223-230/519 от 08 августа 2014 года). Это должно улучшить соблюдение правил управления фондами и осуществления государственных закупок.

Рисунок 2.1 и Рисунок 2.2 показывают, что НЭФ выделяет денежные средства большей частью на проекты в сфере ВСиВО

Рисунок 2.1. Национальный экологический фонд Молдовы: доходы и выделенные средства

Источник: Данные о деятельности НЭФ за 2010–2015 гг., собранные при проведении опроса сотрудников Министерства окружающей среды.

Рисунок 2.2. Средства, выделенные Национальным экологическим фондом на ВСиВО

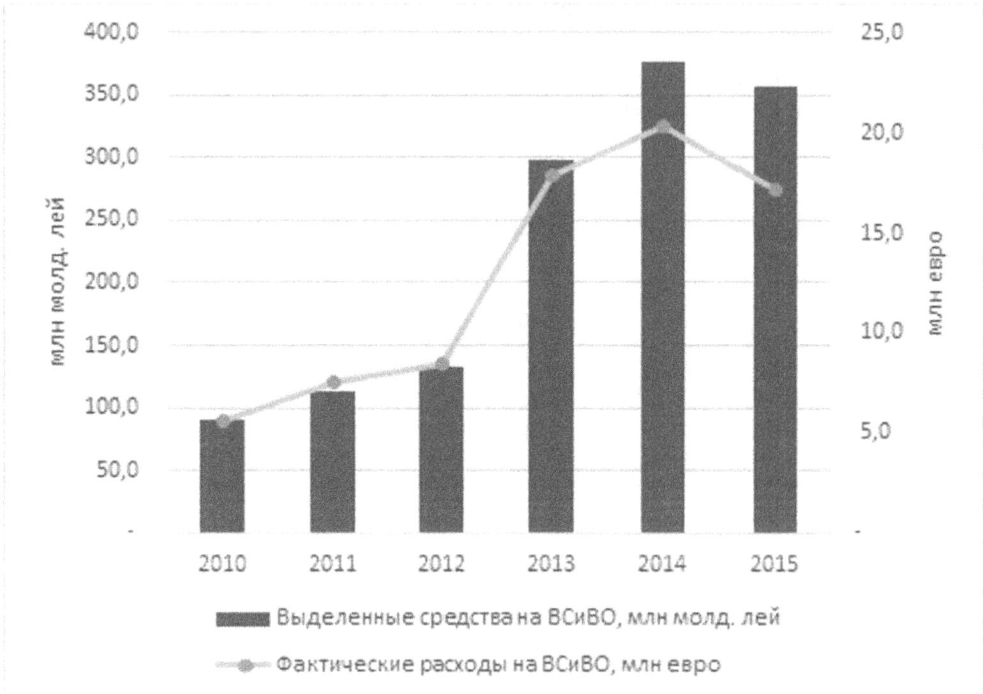

Источник: Данные о деятельности НЭФ за 2010–2015 гг., собранные при проведении опроса сотрудников Министерства окружающей среды.

Под эгидой Агентства водных ресурсов «Апеле Молдовей» работают два проектных института. Кроме того, имеется десяток поставщиков воды гравитационным методом, отвечающих за орошение и эксплуатацию региональных сетей питьевого водоснабжения. Поэтому Правительство Молдовы и ЕС ожидают, что «Апеле Молдовей» будет играть важную роль в комплексном управлении водными ресурсами (КУВР).

Министерство регионального развития и строительства (МРРиС)

МРРиС курирует проведение отраслевой политики, планирование и осуществляет мониторинг различных аспектов регионального развития. Таким образом, оно вовлечено в процесс регионализации услуг. Также оно поддерживает деятельность Национального фонда регионального развития (НФРР). НФРР также инвестирует в водный сектор, в частности, в региональные проекты, но данный фонд выделяет меньше средств на ВСиВО (см. Рисунок 2.3 и Рисунок 2.4), чем НЭФ. Выяснилось, что координация инвестиционной политики между НЭФ и НФРР отсутствует, либо ограничена.

В рамках проекта модернизации местных муниципальных услуг, из НФРР также выделяются средства и на ВСиВО как на одну из публичных услуг.

Рисунок 2.3. Общий объем средств, выделенных на осуществление капитальных вложений Министерством регионального развития и строительства, млн молд. лей

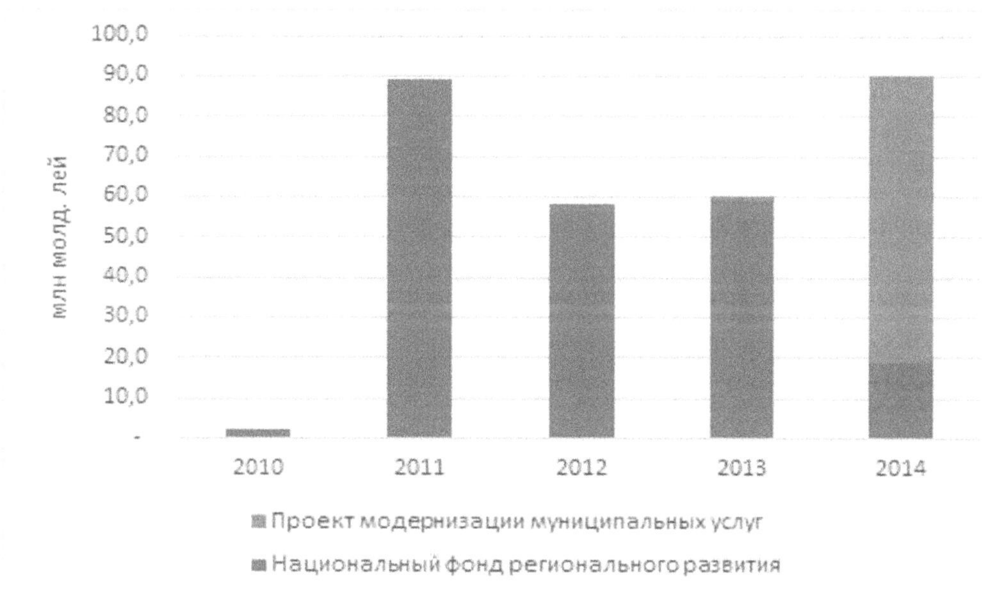

Источник: База данных BOOST Всемирного банка: http://boost.worldbank.org/country/moldova (по состоянию на июнь 2017 г.).

Рисунок 2.4. Объем средств, направленных на капитальные вложения, в т.ч. в секторе ВСиВО, Министерством регионального развития и строительства, млн евро

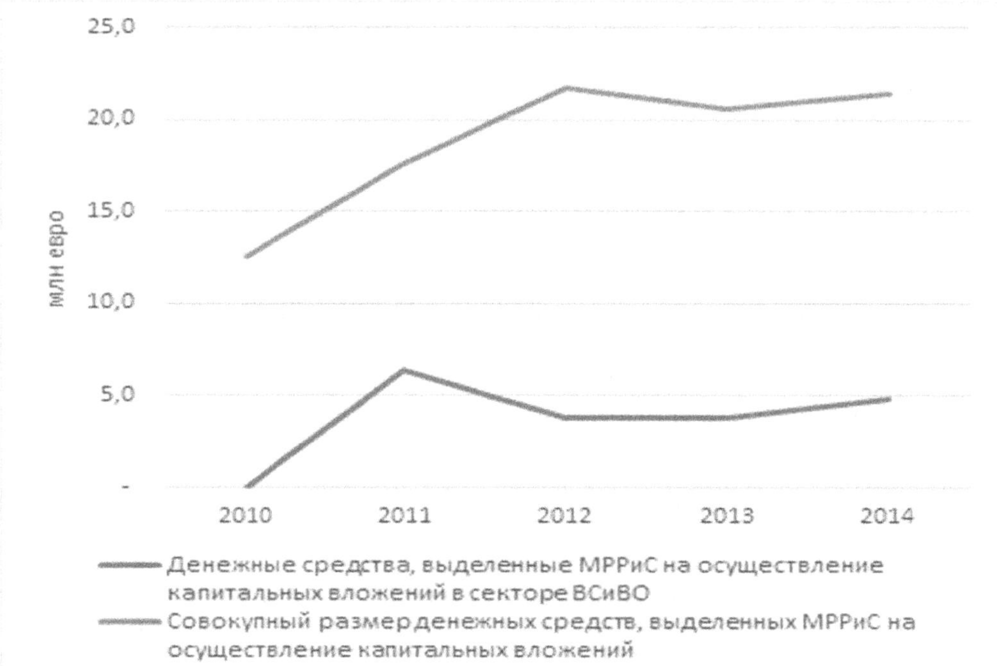

Примечание: Рассчитано по обменному курсу валют молд. лей/евро на конец года.
Источник: База данных BOOST Всемирного банка: http://boost.worldbank.org/country/moldova (по состоянию на июнь 2017 г.).

Через подчиненные агентства и органы инспекции МРРиС также отвечает за нормы проектирования и строительства систем ВСиВО, которые несколько устарели и приводят к неоправданно высоким капитальным и эксплуатационным затратам инфраструктуры ВСиВО (Вставка 2.1).

Министерство труда, социальной защиты и семьи (МТСЗиС)

Целью Министерства труда, социальной защиты и семьи (МТСЗиС) является обеспечение достойного уровня жизни населения, общественного спокойствия и безопасности. Министерство действует в сфере социального обеспечения, оказывая социальную поддержку пожилым людям и людям с ограниченными возможностями и обеспечивая социальную защиту семьи и ребенка. Это министерство естественным образом заинтересованно в обеспечении доступа к услугам ВСиВО, а также в их финансовой доступности. Министерство пытается выполнить свою задачу в этой области посредством поддержания общего уровня доходов граждан, а не путем предоставления специальной помощи по оплате услуг ВСиВО. ОЭСР/Специальная рабочая группа по «зеленым» действиям (OECD EAP Task Force, 2003[7]) призывает к оказанию специальных мер адресной социальной поддержки при резком увеличении ставок тарифов. Министерство, в целом, не против оказания таких мер при условии, если финансирование на них будет привлечено из других источников, как например, из муниципальных бюджетов. Оно отмечает, что ставки тарифов варьируются от местности к местности, поэтому решения об оказании таких мер социальной поддержки должны приниматься на местном уровне. Министерство отметило, что не выделило бы ресурсов на финансирование специальных мер социальной поддержки, связанных с получением услуг ВСиВО. Тем не менее, МТСЗиС может стать центральным элементом при разработке таких мер и является важным партнером в процессе принятия решений, касающихся мер социальной поддержки в секторе ВСиВО.

Вставка 2.1. Устаревшие строительные нормы и правила для сектора ВСиВО

При проектировании и строительстве инфраструктуры ВСиВО в Молдове используются СНиПы и ГОСТы, разработанные в советскую эпоху и повсеместно применявшиеся на всей территории Советского Союза. В последний раз их пересматривали 30 лет назад.

Следующие нормы и правила считаются основными методическими документами при проектировании и возведении объектов инфраструктуры в секторе ВСиВО:

- СНиП 2.04.02-84 «Водоснабжение. Наружные сети и сооружения»;
- СНиП 2.04.01-85 «Внутренний водопровод и канализация зданий»;
- СНиП 2.04.03-85 «Канализация. Наружные сети и сооружения».

Указанные строительные нормы и правила для сектора ВСиВО не отвечают современной ситуации и приводят к неоправданно высоким капитальным и эксплуатационным затратам на инфраструктуру ВСиВО. Последствия продолжения использования устаревших СНиПов и ГОСТов обозначены ниже:

1. Дальнейшая ориентировка на нормы водопотребления, закрепленные в СНиПах, приводит к проектированию, утверждению и строительству инфраструктуры ВСиВО значительно более высокой мощности, чем требуется. Нормы, заявленные в СНиПах, предусматривают удельное водопотребление до 600 лчс в городах и до 150 лчс в сельских населенных пунктах, тогда как удельное водопотребление в городах Молдовы на настоящий момент составляет всего лишь 111 лчс (а в селах еще ниже – *прим. ред.*). Кроме того, эти нормы предъявляют высокие требования к водоснабжению в чрезвычайных ситуациях (например, прокладка водоводов в две линии, большая вместимость резервуаров, высокие требования к наличию запаса воды на нужды пожаротушения). Это приводит к созданию чрезмерно большой по мощности инфраструктуры, часто плохо функционирующей и крайне дорогостоящей с точки зрения капитальных и эксплуатационных затрат.
2. Принятые во всем мире передовые практики и новейшие технологии не могут быть внедрены в Молдове, поскольку учреждения, выдающие разрешения на строительство инфраструктуры ВСиВО, ссылаются исключительно на требования СНиПов и ГОСТов.
3. Отсутствуют адекватные нормы для небольших систем ВСиВО в сельской местности. В существующих СНиПах закреплены общие положения для городов и сельской местности. Соблюдение их положений приводит к значительному укрупнению небольших систем из за высоких требований к расходам воды и наличию запаса воды на пожаротушение. К тому же эти устаревшие нормы не предусматривают использования современных технологий водоочистки (например, сконструированных водно-болотных угодий, туалетных кабинок типа «ЭкоСан» и т.д.), что препятствует их повсеместному внедрению.

Примечание: на момент подготовки данной публикации указанные нормативы еще не были пересмотрены. Новые нормы и правила проектирования и строительства систем питьевого водоснабжения малой производительности были приняты лишь в апреле 2018 года, остальные нормативы так и не были изменены. Для сравнения: Украина предприняла шаги по внесению изменений в строительные нормы и стандарты, обновив и упростив их (Pienaru et al., 2014[5]).

Источник: Собственная разработка автора

Министерство финансов (Минфин)

Минфин отвечает за подготовку проекта государственного бюджета и управление распределением бюджетных средств. Средства, предназначенные для сектора ВСиВО, распределяются между несколькими министерствами и агентствами, что требует координации. Однако Минфин видит свою роль как сугубо административную. Кроме того, в интересах общего финансового баланса Минфин стремиться к сокращению любых затрат.

В отношении оптимизации затрат и оказания содействия покрытию затрат сектора ВСиВО за счет тарифов Минфин видит свою роль ограниченной. Министерство выступает против какой-либо дальнейшей финансовой централизации мер социальной поддержки в секторе ВСиВО.

Органы местного самоуправления I-ого уровня (ОМСУ I, т. е. низший уровень – населенные пункты, муниципалитеты)

За предоставление услуг ВСиВО отвечают публичные администрации низшего уровня (ОМСУ I), которые владеют большей частью инфраструктуры ВСиВО. ОМСУ I является компетентным органом по утверждению тарифов на основании методики, разработанной НАРЭ. Этот уровень власти также ответственен за предоставление услуг ВСиВО на своей территории.

ОМСУ I объединены в Конгресс местных общин (CALM). От лица своих членов CALM выступает за регионализацию услуг, но на основе независимых решений ОМСУ. Иными словами, Конгресс поддерживает *добровольную регионализацию* услуг ВСиВО и операторов.

ОМСУ необходимо найти баланс между интересами потребителей (качественные услуги по низким тарифам) и задачами устойчивого предоставления услуг водоснабжения на долгосрочную перспективу (охрана природных ресурсов, привлечение инвестиций и покрытие затрат). В качестве собственников инфраструктуры ОМСУ играют второстепенную роль – просмотр предлагаемых новых ставок тарифов. Создание независимого регулятора ограничило их возможности в вопросе утверждения тарифов. ОМСУ остаются компетентными органами по утверждению тарифов, однако зарегистрированные операторы подают тарифные заявки в ОМСУ I в соответствии с методикой, утвержденной НАРЭ. Более того, в случае, если ОМСУ утверждают тарифы, расходящиеся с тарифами, рассчитанными по методике НАРЭ, они обязаны компенсировать оператору разницу. Если ОМСУ откажется утверждать ставку тарифа, поддерживаемую НАРЭ, Агентство может самостоятельно утвердить ее. И наконец, ОМСУ могут делегировать все свои полномочия по утверждению тарифов НАРЭ на добровольной основе.

В Молдове действует около 1000 централизованных систем водоснабжения. Чуть более 40 операторов (апэканалов) – городских операторов, имеющих статус юридического лица – зарегистрированы в НАРЭ. По данным Всемирного банка, эти операторы обслуживают около 58 % населения. Остальные операторы продолжают работать вне контроля НАРЭ. В процессе регионализации роль ОМСУ в управлении предприятиями ВСиВО уменьшится. Однако, что касается водоснабжения в сельской местности, здесь на настоящий момент ОМСУ часто является регулятором, собственником и оператором инфраструктуры.

Органы местного самоуправления II-ого уровня (ОМСУ II, уровень района)

Районы (ОМСУ II) координируют развитие сектора ВСиВО. В Гагаузии, например, район является собственником систем ВСиВО в ряде населенных пунктов.

Объединения потребителей, НПО, КВП

Ряд организаций выступает за более эффективные отраслевую политику и деятельность в водном секторе, среди них:

- ассоциации потребителей питьевой воды, управляющие небольшими системами ВСиВО;
- комитеты водопользователей (КВП), как, например, комитет, созданный в Кишиневе;
- группы, выступающие за воду для бедных и в защиту окружающей среды.

Их влияние на органы власти ограничено. Некоторые из них выступают против какого-либо повышения тарифов, участия частного сектора и регионализации. Однако опыт стран Западной Европы и Северной Америки показывает, что эти группы могут стать мощным инструментом повышения эффективности деятельности и совершенствования руководства. Они могут внести вклад в руководство водными ресурсами на стадии разработки отраслевой политики и впоследствии выступать в качестве надзорной группы.

Органы координации отраслевой политики

Платформы и (специальные) рабочие группы – которые могут стать инструментом постоянного сотрудничества, координации и подотчетности органов, занимающихся вопросами водных ресурсов – важны для сектора ВСиВО в Молдове. Национальный диалог о водной политике (НДВП) рассматривается в качестве такой платформы, однако совещания НДВП проводятся не слишком часто, всего 1–2 раза в год. Межведомственная группа по вопросам внедрения Стратегии водоснабжения и санитации (водоотведения) собирается всего один раз в год. Комиссия по ВСиВО могла бы собираться так часто, как это было бы необходимо, но она была официально распущена в августе 2015 года.

В отчете, представленном на совещании НДВП и подготовленном в рамках настоящего проекта, была отмечена необходимость восстановления Комиссии по ВСиВО, созданной на основании Постановления Правительства Молдовы № 92 от 23 декабря 2009 года.

МФИ, донорское сообщество и другие международные организации

Международные финансовые институты (МФИ) и организации, такие как ЕС, могут рассматриваться в качестве участников СЭР в широком смысле. Они оказывают влияние на СЭР, поскольку софинансируют капитальные затраты и другие формы развития сектора. Хотя они и не оказывают влияния на СЭР официально, тем не менее оно имеет место. Их роль в (формировании) СЭР в Молдове на настоящий момент невелика.

Операторы ВСиВО

Так называемые апэканалы (муниципальные предприятия ВСиВО) осуществляют управление местными или региональными системами ВСиВО и их эксплуатацию. Хотя они и подчиняются СЭР, но ответственность за свое развитие несут самостоятельно. Конкретные примеры международного опыта показывают, что в некоторых странах сильные, дальновидные независимые руководители операторов ВСиВО инициировали процесс реформирования сектора (Geert Engelsman, 2016[9]).

Операторы ВСиВО юридически могут быть организованы, в принципе, по-разному и иметь разные организационно-правовые формы: от НПО до корпорации. Они могут быть оформлены как ассоциации и кооперативы водопользователей, муниципальные предприятия, общества с ограниченной ответственностью или открытые акционерные общества и находиться в государственной или даже частной собственности. В городах Молдовы действуют чуть более 40 зарегистрированных операторов. Операторы ВСиВО объединены в Ассоциацию поставщиков услуг водоснабжения и водоотведения в Молдове (АМАС).

Методика обоснования и утверждения тарифов, ее применение

Методика обоснования и утверждения тарифов является ключевым элементом экономического регулирования, а следовательно, СЭР. Простыми словами, целью независимого экономического регулирования ВСиВО в Молдове является снабжение потребителей качественной водой по правильной цене. В краткосрочной перспективе процесс регулирования нацелен на поддержку устойчивого развития предприятий ВСиВО. Без устойчивого развития повышение тарифов в конечном счете приведет к ухудшению ситуации. Жители, не пользующиеся услугами ВСиВО, не будут заинтересованы в защите от слишком высоких тарифов. Таким образом, концепция правильной цены связана с понятием устойчивого развития и траекториями выполнения задач по повышению эффективности.

Методика обоснования и утверждения тарифов была разработана НАРЭ в рамках мандата, предоставленного ему Законом № 303 «О публичной услуге водоснабжения и канализации». НАРЭ является регулятором нескольких секторов; помимо вопросов, связанных с водоснабжением, оно также регулирует газоснабжение, электроснабжение, теплоснабжение, подачу технической воды и подачу воды гравиметрическим методом. В подавляющем числе стран (в 23 из 34), изучаемых ОЭСР, также имеются многосекторные регуляторы (OECD, 2015[10]). Однако это не должно означать, что сектор ВСиВО можно регулировать тем же способом, что и другие секторы жилищно-коммунального хозяйства.

Основные замечания к методике и ее применению представлены ниже. Во время подготовки настоящего отчета были предложены поправки к Закону № 303 «О публичной услуге водоснабжения и канализации», возможно, требующие внесения значительных изменений в методику обоснования и утверждения тарифов. До момента публикации настоящего отчета эти поправки, по-видимому, еще не будут полностью рассмотрены.

Регулирование с учетом специфики страны с переходной экономикой

Сектор ВСиВО в Молдове не является зрелым. Однако при регулировании тарифов никак не учитывается процесс повышения эффективности деятельности, который начали или должны будут начать предприятия ВСиВО, а также время, которое потребуется на его завершение. Методика предполагает, что эффективность деятельности может быть повышена буквально в одночасье. На практике же гармонизации тарифов для юридических лиц и домохозяйств легче достигнуть с течением времени. Требуется как минимум три года на оптимизацию численности персонала и уменьшение объемов воды, не приносящей дохода, до допустимого уровня. Этот минимальный период совпадает с минимальным периодом, на который обычно составляется бизнес-план, переходным периодом установления и применения тарифов, а также со сроком действия договоров, заключаемых с руководителями, которые редко предусматривают более короткие сроки сотрудничества. Методика не учитывает реального положения операторов. Она основывается на видении управления предприятиями ВСиВО как действии часового механизма с минимальными отклонениями; на самом деле, правда заключается в обратном. Таким образом, ключевым документом для регулятора является (должен являться) бизнес-план оператора, дополненный инвестиционным планом, как это имеет место в Албании или Косово. В бизнес-плане должно быть запечатлено и обосновано повышение эффективности деятельности, которое реально может быть достигнуто. Остаточные затраты в этом случае будут являться необходимыми затратами и частично рассматриваться, как затраты переходного периода, подлежащие финансированию через ТНТ (тарифы, налоги и трансферты). Нельзя ожидать от предприятий б*о*льших результатов, чем заявленных в утвержденном бизнес-плане.

Дефицит денежных средств

В случае даже если более поэтапный график повышения эффективности деятельности был бы включен в расчет обоснованных затрат, в методике все-равно осталось бы много проблемных моментов (Вставка 2.2 содержит определения различных терминов). Амортизационные начисления по не полученным безвозмездно основным фондам в течение их срока службы относятся к обоснованным затратам. Однако, если для финансирования (модернизации или создания новых – *прим. перев.*) основных фондов использовались заемные средства, то срок возврата займа обычно намного короче срока службы основных фондов. Это приводит к возникновению проблемы дефицита потока денежных средств у предприятий ВСиВО. Далее, договор займа обычно требует наличия более высоких объемов прибыли до вычета расходов по выплате процентов, налогов, износа и начисленной амортизации (EBITDA), чем тот, который необходим для обслуживания долга. Такие соглашения невозможно исполнить при недостаточных объемах прибыли в силу низкой рентабельности капитала, инвестированного в основные фонды.

Вставка 2.2. Термины в области экономического регулирования сектора ВСиВО

Финансовая доступность (услуг ВСиВО) – это способность отдельной группы домохозяйств покрывать все расходы на предоставленные им услуги ВСиВО (включая уплату НДС, налогов и любых дополнительных сборов). Часто финансовая доступность выражается в процентах от доходов или расходов домохозяйств. Для Молдовы, учитывая значительное присутствие теневой экономики и существенный объем денежных переводов из-за рубежа, оценку доступности услуг лучше проводить на основе данных о расходах домохозяйств. Считается, что доступность услуг явно находится под угрозой, если 5 % и более общих расходов домохозяйств (их медианного уровня) идут на оплату счетов по ВСиВО, т. е. когда более 50 % населения тратит более 5 % своих располагаемых доходов на услуги ВСиВО. Часто слово «доступность» используется для обозначения фактической процентной доли средств, израсходованных на оплату услуг ВСиВО.

Обоснованные затраты – это тот объем общих затрат, понесенных оператором, который, согласно регулятору, необходим для предоставления регулируемых услуг.

RAB – регулируемая база инвестированного капитала состоит из тех активов оператора, которые необходимы для предоставления регулируемых услуг. Б*о*льший объем активов RAB приводит к более высоким допустимым величинам амортизационных начислений, более высокой регулируемой отдаче и, следовательно, к более высоким обоснованным затратам.

ОРВ – оценка (*ex ante*) регулирующего воздействия, являющаяся процессом систематического выявления и оценки значительных выгод и издержек, который вероятнее всего, возникнет в следствие принятия предложенного нормативно-правового акта, находящегося на стадии рассмотрения.

СВСК – средневзвешенная стоимость капитала, т. е. расчет стоимости капитала для оператора, в котором пропорционально учитывается удельный вес каждого источника финансирования и стоимость каждого вида капитала, включая долгосрочный капитал, имеющий отношение к предоставлению регулируемых услуг. СВСК увеличивается пропорционально так называемому бета-коэффициенту, показателю степени риска применительно к акционерному капиталу. Бета-коэффициент сложнее применять по отношению к компаниям с неликвидным балансом, чем к компаниям, чьи ценные бумаги котируются на фондовой бирже. Более высокая регулируемая средневзвешенная стоимость капитала приводит к более высокой стоимости капитала (регулируемой базы инвестированного капитала, RAB) и, следовательно, к более высоким тарифам.

Источник: (OECD, 2015[10])

Социальные аспекты

Необходима корректировка тарифов в случае, если финансовая доступность услуг ВСиВО для населения находится под угрозой. ОЭСР/Специальная рабочая группа по «зеленым» действиям (2003 г.) рекомендует придерживаться такого критерия доступности, когда средний размер суммы к оплате по выставляемым счетам за услуги ВСиВО, не превышает 4 % от средних расходов домохозяйств. В Молдове, где вода высоко ценится и готовность платить за качественную воду велика, этот порог доступности мог бы быть установлен на уровне 4–5 %. Однако, как показывает

Рисунок 2.5, следование этому правилу не способствовало бы увеличению доходов операторов: большинство домохозяйств уже расходует на оплату услуг ВСиВО более 5% своих доходов. Хотя диаграмма (Eptisa, 2012[11]) информативна, источники данных, на которых она основывается, недоступны. Поэтому непонятно, как результат по стране в целом может превышать средние значения отдельно по городам и сельской местности в первых двух децилях.

Рисунок 2.5. Оценка доступности услуг ВСиВО для городского, сельского населения и населения в целом в Молдове, процентов

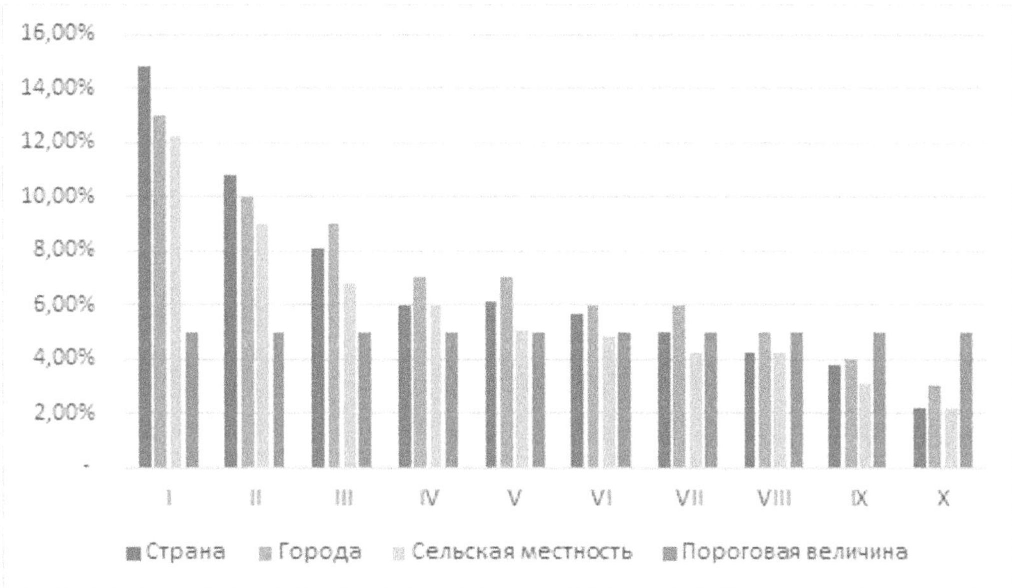

Источник: (Eptisa, 2012[11]), *Стратегия водоснабжения и санитации (водоотведения) Республики Молдова (в ред. от 2012 г.),* www.serviciilocale.md/public/files/2nd_Draft_WSS_Strategy_October_final_Eng.pdf.

Помимо общего порога доступности необходимы меры адресной социальной поддержки бедных и уязвимых категорий населения. В отличие от других экономических регуляторов, как, например, во Фландрии, НАРЭ не дает никаких указаний по социальному аспекту предоставления услуг ВСиВО. Это вызвано тем, что Закон № 303 не разрешает этого сделать. Однако в национальной Стратегии водоснабжения и санитации (водоотведения) указывается, что «регулятор должен отвечать за соблюдение разумного баланса между необходимостью модернизации сетей для предоставления качественных услуг и их финансовой доступностью для некоторых слоев населения».

Слова *«социальный»* или *«доступный»* не встречаются в методике обоснования и утверждения тарифов. С точки зрения НАРЭ, меры социальной поддержки относятся к сфере социальной политики на национальном или местном уровнях. В отчете по национальным механизмам финансовой поддержки в секторе ВСиВО Молдовы приводятся доводы в пользу необходимости предоставления мер социальной поддержки по получению услуг ВСиВО – хотя бы временных – при резком увеличении тарифов (OECD, 2017[12]). Такие меры могут относиться к предоставлению услуг, спросу, доходам или тарифам. Если выбор разработчиков отраслевой политики остановится на принятии мер, связанных с тарифом, то НАРЭ придется устанавливать пороги доступности услуг и выносить решения, касающиеся структуры тарифов, или принимать другие меры, такие как выдача социальных талонов (ваучеров) или предоставление скидок.

Нетарифные меры социальной поддержки могут быть оказаны другими участниками СЭР. Они могут включать в себя меры по улучшению водоснабжения и расширению доступа к услугам ВСиВО бедных слоев населения, а также меры поддержки месячных доходов домохозяйств.

На настоящий момент Молдова является самой бедной европейской страной (см. Рисунок 2.6). По Индексу человеческого развития в 2015 году страна заняла 107-ое место. Различные исследования указывают на необходимость придерживаться 4 %-ого порога доступности от общих расходов домохозяйств и советуют регулятору придерживаться этого значения (Pienaru et al., 2014[5]); (OECD, 2016[13]).

Рисунок 2.6. ВВП на душу населения в Молдове и некоторых странах Центральной и Восточной Европы

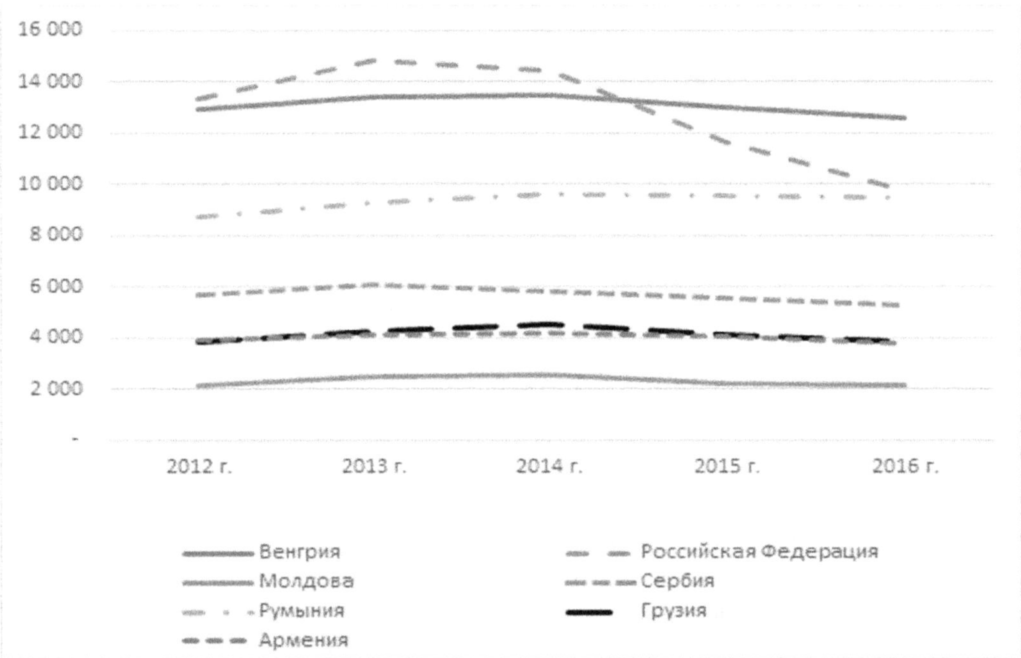

Источник: Всемирный банк, *Показатели мирового развития* (база данных), www.google.com/publicdata/explore?ds=d5bncppjof8f9_&ctype=l&strail=false&bcs=d&nselm=h&met_y=ny_gnp_pcap_cd&scale_y=lin&ind_y=false&rdim=region&idim=country:HUN:SRB:RUS:MDA:ROU:GEO:ARM&ifdim=region&tstart=1329001200000&tend=1455231600000&ind=false (по состоянию на август 2017 г.)

Тарифы с учетом затрат на внутреннее водоснабжение в многоквартирных домах

Статьи 16 и 59 методики обоснования и утверждения тарифов содержат особую оговорку. Если собственник квартиры в кондоминиуме подписал отдельный договор на предоставление услуг ВСиВО, то тариф может предусматривать затраты, связанные с внутренним водоснабжением в кондоминиуме, например, затраты на техническое обслуживание и ремонт внутридомовых сетей и счетчиков-водомеров. Это ведет к дифференцированным тарифам для:

- собственников квартир, не заключивших отдельные договоры на получение услуг ВСиВО, и собственников жилья, которое не входит в тот или иной кондоминиум;
- собственников квартир в кондоминиумах, подписавших отдельные договоры на получение услуг ВСиВО.

Методика предполагает, что операторы ВСиВО предоставят дополнительную услугу, компенсируемую тарифом. Это не является желательным решением в отношении кондоминиумов, поскольку:

- сложно оценить затраты на предоставление такой услуги;
- сложно определить границу между техническим обслуживанием и капитальными вложениями;
- затраты распределяются неравномерно между разными кондоминиумами.

Исходя из этого положения, у собственников квартир не будет стимулов к самостоятельному устранению утечек воды в кондоминиуме до или после заключения индивидуальных договоров. На практике операторы будут оттягивать исполнение условий таких договоров. Операторы должны нести ответственность за предоставление услуг до точки, в которой публичная сеть переходит в частную.

Собственность и амортизация

Методика обоснования и утверждения тарифов исключает полученные безвозмездно активы из базы (активов), учитываемой при расчете окупаемости активов и допустимой величины амортизационных начислений. (см. Вставка 2.3). Это обычная мировая практика, например, в Англии и Уэльсе во избежание сверхприбыли у операторов (доходы от субсидии плюс тарифная выручка, покрывающая обоснованные расходы).

Однако некоторые предприятия ВСиВО в странах с низким и средним уровнем доходов могут начислять амортизацию на более 75 % балансовой стоимости полученных безвозмездно новых основных фондов. Стоимость остальных основных фондов может быть значительной, но, как правило, она уже списана.

Представим себе два идентичных предприятия A и B с одинаковыми инвестиционными проектами. На осуществление капитальных вложений предприятие A получило заемные средства, а предприятие B – субсидию. Предприятию B потребуется использовать тарифные ставки ниже уровня покрытия затрат, тогда как предприятию A можно будет придерживаться этого уровня. Через десять лет предприятие B вернется в исходную точку. Если не появится новый донор, предприятие B отстанет в развитии и попадет в тот же порочный круг, из которого пыталось вырваться. В отличие от него предприятие A должно будет осуществлять выплаты по займу и сможет показать будущим инвесторам стабильный поток денежных средств.

Существует риск того, что из-за более низкой ставки тарифа предприятия B создастся впечатление, будто оно работает более эффективно. Это может привести к ожиданиям, что ставки тарифов предприятия B останутся искусственно заниженными, а ставки тарифов предприятия A должны будут снизиться.

Разумеется, если бы предприятие B могло включить амортизационные начисления в тариф, то в конечном счете оно бы генерировало свободный денежный поток. Тогда инвестиционный план предприятия B должен был бы отразить использование этого свободного денежного потока. Учитывая состояние водной инфраструктуры страны, этот свободный денежный поток легко мог бы быть направлен на благие цели. Однако, для этого тарифы необходимо определять на основании уровней доступности услуг и затрат на их предоставление, а не на основе инвестиционного подхода.

Одним из решений данной дилеммы могло бы стать использование сборов за модернизацию инфраструктуры, как в Англии, Уэльсе, Шотландии и Косово. Фактические затраты на поддержание основных фондов, в отличие от амортизационных начислений, должны относиться к обоснованным затратам. Еще одним решением является целевое использование начисленной амортизации, что будет обсуждаться в разделе 4.7.

Другой аспект затрагивает вопросы собственности. Теоретически, поскольку в Молдове операторы ВСиВО очень часто находятся в собственности ОМСУ, не будет особой разницы, если какой-либо ОМСУ передаст свою инфраструктуру региональному оператору, при этом какой-либо государственный оператор услуг ВСиВО также передаст ему свои основные фонды. На практике, однако, вопросы, касающиеся собственности, существенно препятствуют региональному сотрудничеству. ОМСУ опасаются критики за увеличение ставок тарифов. В результате откладываются капитальные инвестиции и внедрение более эффективных ставок тарифов с точки зрения покрытия затрат, и стоимость основных фондов в секторе продолжает снижаться.

Вставка 2.3. «*BOT*» *(Построй-Управляй-Передай)* в Молдове

Потребители услуг ВСиВО в Молдове и в ряде других стран Юго-Восточной Европы нередко инвестируют свои собственные денежные средства в развитие сетей, а предприятия затем, по существу, эксплуатируют и обслуживают эти сети на бессрочной основе. Сложившаяся практика – реакция на нехватку государственных инвестиционных ресурсов. Вместо того, чтобы ждать еще лет 10–15, местные сообщества предпочитают инвестировать свои собственные денежные средства. Фактическое состояние основных фондов определяет необходимость их капитализации и начисления амортизации. Если капитализировать основные фонды, то возникает вопрос, как учитывать равноценную стоимость. В целом, Международные стандарты финансовой отчетности позволяют использовать так называемые подход с позиции капитала и подход с позиции доходов. При использовании подхода с позиции капитала уставный капитал оператора увеличится соразмерно стоимости полученных основных фондов. Подход с позиции доходов признает увеличение стоимости основных фондов за счет «отложенного дохода от получения субсидии». В этом случае доход от субсидии признается в составе прибыли или убытка и его размер эквивалентен размеру амортизации, начисленной на эти основные фонды, за один отчетный год. При использовании подхода с позиции доходов, доход оператора ежегодно дополнительно увеличивается на сумму амортизационных начислений за текущий отчетный год по безвозмездно полученным (субсидированным) основным фондам.

При получении субсидии на финансирование новых основных фондов использование **подхода с позиции доходов** является самым приемлемым вариантом. И хотя могут иметься налоговые последствия, доноры могут исключить их посредством договора о предоставлении субсидии. В этом случае с налоговой точки зрения доход от полученной субсидии учитываться не будет. Тогда как в контексте регионализации более приемлемым является применение **подхода с позиции капитала**. Однако, скорее всего, передача основных фондов будет осуществляться на неопределенный или только на определённый срок, например, на 30 лет, хотя это все-равно может наложить на оператора обязательство по капитализации полученных основных фондов.

1 ноября 2016 года Конституционный суд Молдовы постановил, что передача основных фондов в собственность не может осуществляться на безвозмездной основе. Это касается физических и юридических лиц, передающих основные фонды операторам ВСиВО бесплатно. Как правило, речь идет о сетях, построенных муниципалитетами или находящихся в их собственности, или созданных небольшими сообществами потребителей питьевой воды или ассоциациями частных лиц. Закон № 303 «О публичной услуге водоснабжения и канализации» предусматривает безвозмездную передачу таких основных фондов. Конституционный суд же постановил, что это относится к экспроприации. На момент подготовки данного отчета не было до конца ясно, разрешена ли добровольная передача основных фондов. Понятно только то, что такая передача основных фондов не должна происходить непременно на безвозмездной основе. Кроме того, сложно будет оценить добровольность такой передачи основных фондов, поскольку операторы ВСиВО являются естественными монополистами.

Правовая практика в дальнейшем обозначит, какой вид компенсации можно будет расценивать как приемлемую плату. Однако с уверенностью можно сказать, что у операторов не будет иметься достаточно средств на выплату компенсаций в размере инвестиционной стоимости передаваемых сетей. Гипотетически можно было бы взять **плату за подключение** в размере равноценной стоимости переданных основных фондов, однако юридически это не было бы возможным, поскольку привело бы к ценовой дискриминации.

Любой намек на выплату подобных компенсаций собственникам основных фондов замедлил бы процесс регионализации, создавая неопределенность в отношении условий и законности такой передачи.

Источник: Собственная разработка автора.

Структура тарифа и перекрестное субсидирование

Нормативная база предусматривает применение единого волюметрического тарифа одинакового как для домохозяйств, так и юридических лиц. В целом, это положительно и соответствует принципам «загрязнитель платит» и «потребитель платит». Однако поскольку в настоящее время имеется большая разница в ставках тарифов для домохозяйств и юридических лиц, потребуется переходный период для поэтапного сокращения перекрестного субсидирования.

Единый волюметрический тариф применяется на всех предприятиях ВСиВО в Молдове (за исключением двух) и используется в большинстве стран ВЕКЦА. Распределительный эффект применения блочных тарифов с повышающейся ставкой находится под вопросом (OECD, 2017[12]). Как минимум, требуется проведение социологического исследования для установления надлежащих размеров блоков и ставок тарифов для каждого блока. При таком виде тарифа планирование доходов становится более сложным, а предприятие подвержено риску непропорционального снижения доходов в случае уменьшения спроса на воду. Поэтому лучше обратить внимание на другие меры, чем на двухблочные тарифы с повышающейся ставкой.

Также не рекомендуется использовать двухставочные тарифы, как в Германии и Нидерландах. Такой тариф состоял бы из значительного фиксированного компонента и единой волюметрической составляющей. При отсутствии мер социальной поддержки такой подход будет иметь эффект, как при регрессивном налоге, по сравнению с применением единого волюметрического тарифа. Структура двухставочного тарифа приводит структуру доходов в соответствие со структурой затрат предприятий, у которых имеются большие постоянные затраты. Впрочем, некоторые регуляторы разрешают ограниченное использование фиксированных составляющих в структуре тарифа, в частности, имеющих отношение к обслуживанию клиентов, как например: измерение объемов потребленной воды, выставление счетов и техническое обслуживание счетчиков-водомеров.

Подготовка и применение методики

Потребовалось много времени на разработку нормативной базы тарифного регулирования в Молдове, и все же в ней имеется множество значительных пробелов. Например, она не предоставляет необходимых руководящих принципов по вопросу капитализации материальных затрат или расчету законных процентов на оборотный капитал. На доработку нормативной базы требуется время, однако это не должно препятствовать временному одобрению более высоких ставок тарифов. Однако, за последние два года тарифы большинства апэ-каналов оставались «замороженными».

В открытых слушаниях по вопросу принятия методики существенные замечания поступили только от «Апэ-Канал Кишинэу».

НАРЭ не предусмотрело возможных решений на краткосрочную перспективу. Если бы проработка таких решений осуществлялась на систематической основе, то обоснованные затраты, регулируемая база инвестированного капитала и СВСК – концепции, лежащие в основе методики обоснования и утверждения тарифов НАРЭ – могли бы указать индикативную точку отсчета для установления тарифов. Более гибкое применение методики могло бы даже позволить проверить доступность услуг и денежный поток. Будучи независимым экономическим регулятором, НАРЭ могло бы использовать предоставленную ему свободу для внедрения необходимых траекторий переходного периода, направленных на повышение эффективности деятельности операторов, расширение доступности услуг и погашение займов.

Нельзя требовать соблюдения всех положений с самого первого дня, поскольку предприятиям необходимо время на приведение своей деятельности в соответствие с новыми требованиями, а регулятору – на проработку деталей и их опробование. В обязанности регулятора входит проведение оценки контекста, разработка жизнеспособного тарифа и траекторий перехода для предприятий. В контексте стран с переходной экономикой требуется наращивание потенциала регулятора и регулируемых организаций. Опыт применения программ оказания технической помощи регуляторам в странах Юго-Восточной Европы показывает, что важно проводить тренинги для персонала. Это позволяет независимым регуляторам организовывать тренинги для операторов с целью помочь им привести свою деятельность в соответствие с новой нормативной базой.

Однако для такого подхода требуется соответствующая структура сектора. В секторе ВСиВО Молдовы уже зарегистрировано более 40 предприятий. Бесспорно, НАРЭ будет сложно эффективно регулировать такое большое число предприятий. Остальные незарегистрированные операторы ВСиВО не запросили лицензий, и НАРЭ не собирается убеждать их это сделать.

Имеющегося и будущего потенциала регулятора достаточно для должного регулирования всего нескольких операторов. В интересах надлежащего регулирования НАРЭ целесообразно выступить в поддержку стратегии регионализации. Национальная стратегия водоснабжения и санитации (водоотведения) также рекомендует регулятору поддержать этот процесс.

Для оптимизации использования ресурсов экономический регулятор может сфокусировать внимание на более крупных и регионализированных предприятиях, а остальным позволить работать в значительно упрощенном режиме. Если, как в Румынии, исключительно регионализированные операторы будут иметь право на получение из государственного бюджета финансирования на капитальные вложения, то процесс регионализации пройдет намного быстрее.

Дефицит финансирования

В разделе 1.4 указано, что СЭР должна содействовать привлечению внешнего финансирования для сокращения дефицита финансирования. Но насколько велик этот дефицит финансирования?

Тарифы, налоги и трансферты

Важнейшими источниками финансирования эксплуатационных и капитальных затрат на предоставление услуг ВСиВО являются ТНТ: тарифы (выручка от реализации услуг ВСиВО по установленным тарифам), налоги (государственные субсидии) и трансферты (донорская помощь). Как показано на рисунке (Рисунок 1.4), займы и вложения в акционерный капитал могут на время сократить любой дефицит финансирования, однако по ним необходимо осуществлять выплаты, используя поступления либо от тарифов, либо от налогов, либо от трансфертов (OECD, 2010[6]). Каковы источники финансирования в Молдове?

1. Выручка от реализации (Тарифная выручка, Тарифы)

Выручка от реализации услуг ВСиВО по установленным тарифам ежегодно приносит зарегистрированным коммунальным предприятиям ВСиВО (апэ-каналам) в Молдове около 51 млн евро (Рисунок 2.7). Приложение 2.А представляет данные по ставкам тарифов предприятий ВСиВО в городах в 2015 году.

2. Государственные субсидии (финансируемые из собранных налогов)

Размер государственных субсидий на осуществление капитальных вложений в ВСиВО составляет приблизительно 18 млн евро в год. В основном субсидии предоставляются Национальным фондом регионального развития и Национальным экологическим фондом.[1]

Государственные субсидии на возмещение эксплуатационных затрат организаций ВСиВО в размере приблизительно 6 млн евро также относятся к компоненту «налоги». Сюда не входит донорская помощь, как правило направляемая через государственный бюджет.[2]

3. Помощь внешних доноров (трансферты)

Помощь внешних доноров поступает частично через государственный бюджет, частично напрямую от организаций содействия развитию. В любом случае источником финансирования являются трансферты от внешних доноров. Стратегия водоснабжения и санитации (водоотведения) рассчитывает на ежегодную помощь внешних доноров в размере приблизительно 20 млн евро.

Резюме источников финансирования (ТНТ) на ежегодной основе:

Тарифы:		**51 млн евро**
Налоги:	Субсидии на возмещение эксплуатационных затрат:	6 млн евро
	Субсидии на осуществление капитальных вложений:	18 млн евро
Трансферты:		20 млн евро
Итого		95 млн евро

Ориентировочные эксплуатационные и капитальные затраты

Доходы у более чем 40 зарегистрированных операторов ВСиВО в Молдове, полученные от оплаты услуг ВСиВО по установленным тарифам, и субсидии на возмещение эксплуатационных затрат (57 млн евро в совокупности), покрывают эксплуатационные затраты. Неэффективные затраты, такие как крупные непредвиденные затраты или затраты на персонал, могут иметь место, но затраты на техническое обслуживание, вероятней всего, будут меньше ожидаемых. Субсидии на возмещение эксплуатационных затрат могут постепенно быть уменьшены. В целом, 51 млн евро должно хватить на покрытие операционных затрат.

К остальным затратам относятся:

- капитальные вложения, необходимые для приведения сектора в соответствие с нормативно-правовой базой ЕС (*water acquis*);
- влияние произведенных капитальных вложений на эксплуатационные затраты;
- регулярные ежегодные капитальные затраты.

Каковы эти остальные затраты? По оценке ОЭСР (2008 г.) затраты на приведение нормативно-правовой базы страны в соответствие с директивами ЕС составят по меньшей мере 1850 млн евро. Эта цифра практически эквивалентна величине годового бюджета Правительства Молдовы. Если же ссылаться на ежегодный средний объем инвестиций на душу населения в странах бассейна реки Дунай, не являющихся членами ЕС, заявленный в Дунайской транснациональной программе на двадцатилетний период и составляющий 15 евро на душу населения в год, то эта сумма составит около 1050 млн евро (3,5 млн чел. × 15 евро на душу населения в год × 20 лет).

Эта цифра, получившаяся после внесения корректировки на основании численности населения, соответствует результатам более подробного исследования затрат на приведение нормативно-правовой базы Бывшей Югославской Республики Македония (относительно схожей с Молдовой по уровню дохода на душу населения и географическому положению) в соответствие с *acquis*.

Таким образом, оценка ОЭСР от 2008 года может быть несколько завышенной. Тем не менее, согласно расчетам Стратегии водоснабжения и санитации (водоотведения) затраты на приведение водного сектора в соответствие с директивами ЕС составят почти 705 млн евро, 194 млн евро из которых необходимо использовать до 2019 года. Это предполагает годовые затраты в размере (ровно) 39 млн евро. И к этому необходимо ежегодного добавлять текущие годовые капитальные затраты и увеличившиеся эксплуатационные затраты в размере минимум 20 млн евро.

Таким образом, совокупные годовые затраты до 2019 года должны составить:

Эксплуатационные затраты:	**51 млн евро**
Капитальные затраты:	59 млн евро (включая увеличившиеся эксплуатационные расходы)
Итого:	110 млн евро

После 2019 года эта цифра скорее всего будет увеличиваться на 6 млн евро в год, поскольку капитальные затраты, прогнозируемые Стратегией водоснабжения и санитации (водоотведения), а также необходимые для приведения сектора в соответствие с нормативно-правовой базой ЕС по воде (*water acquis*), будут расти.

Устранение или сокращение дефицита финансирования

Разница между суммой дохода, получаемого посредством ТНТ (95 млн евро), и запланированной для использования суммой (116 млн евро) составляет 21 млн евро. Эта разница проиллюстрирована на рисунке ниже (Рисунок 2.7), где первый и третий столбики слева имеют разную длину. Из-за имеющегося дефицита фактические капитальные затраты намного ниже капитальных затрат, запланированных Стратегией водоснабжения и санитации (водоотведения). Можно ли устранить этот недостаток финансирования, используя другую структуру финансирования?

Рисунок 2.7. Оценка дефицита финансирования сектора ВСиВО в Молдове

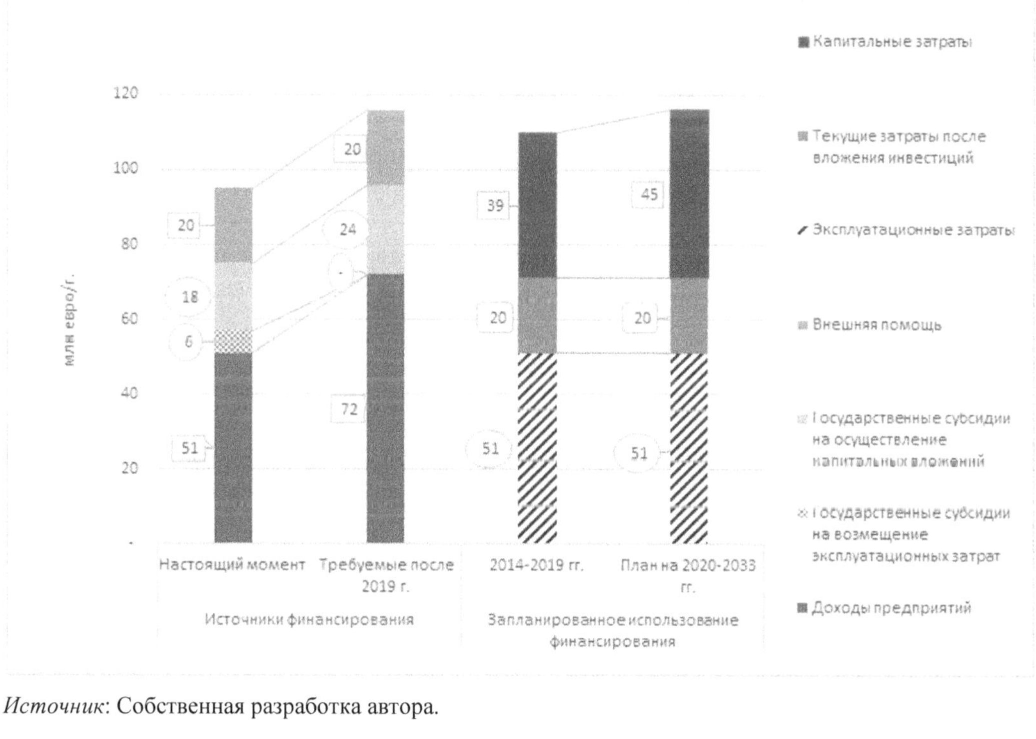

Источник: Собственная разработка автора.

Второй столбик слева (Рисунок 2.7) показывает, как иная структура финансирования могла бы устранить разницу между поступлениями от источников финансирования и запланированным использованием финансов. Внешняя помощь доноров навряд ли превзойдет сумму, запланированную Стратегией водоснабжения и санитации (водоотведения). Большей частью это связано с ограниченным потенциалом реципиента. Предполагается, что центральное правительство будет выделять около 1,2 % расходной части гос.бюджета на капитальные затраты в секторе ВСиВО в соответствии со Стратегией водоснабжения и санитации (водоотведения). ВВП Молдовы составляет около 7000 млн евро. Консолидированный государственный бюджет страны составляет приблизительно 2000 млн евро, 1,2 % от которого эквивалентно 24 млн евро, что на 33 % выше выделяемой на настоящий момент суммы. Предполагается, что финансирование требуемого увеличения капитальных затрат состоится за счет прекращения выделения субсидий на возмещение эксплуатационных затрат. Оставшийся источник финансирования – тарифы. Если полагаться только на повышение ставок тарифов, то выручка от реализации увеличится на 41 % (с 51 млн евро до 72 млн евро). Расширение зон обслуживания, однако, также увеличит доходы предприятий. Увеличение затрат, связанных с таким расширением, уже учтено в воздействии инвестиций на эксплуатационные затраты. Учитывая более низкий уровень доходов в сельской местности, необходимо проявлять осторожность при планировании дополнительных доходов от расширения зоны обслуживания; требуемое увеличение тарифов составит все же примерно 30 %.

Поскольку отдельные предприятия сталкиваются с пиками капитальных затрат, для сокращения дефицита финансирования необходимо использовать заемные средства. Займы можно получить (только) в том случае, если инвесторы увидят довольно крупный, стабильный и прогнозируемый денежный поток от ТНТ, т. е. инвесторы смогут увидеть надежные источники финансирования. Учитывая низкий кредитный рейтинг Молдовы, стране будет непросто получить внешнее финансирование на рынке для устранения имеющегося дефицита. Ситуацию осложняют ставшие известными махинации в банковском секторе страны и внушительное количество просроченных займов. По причине промедлений в принятии заявок и утверждении ставок тарифов Европейский банк реконструкции и развития и Европейский инвестиционный банк все еще не предоставили «Апэ-Каналу Кишинэу» первого транша займа (на момент подготовки данного отчета – *прим.ред.*). Это дает сигнал кредитным учреждениям о том, что существуют риски, связанные с потенциалом регулирования и освоения средств. Молдова не сможет положиться на возвратное внешнее финансирование для сокращения существующего дефицита финансирования, пока не предпримет шагов по реструктурированию своих ТНТ с целью устранения недостатка финансирования.

В случае Молдовы, повышенные ставки тарифов должны значительно увеличить доход от ТНТ. Здесь возникают два вызова:

1. В разделе 2.3 уже упоминалось, что методика обоснования и утверждения тарифов не учитывает воздействия заемного финансирования на денежный поток регулируемого оператора. Предприятия ВСиВО, способные получить внешнее финансирование, не смогли бы заложить в тарифы обеспечение своих обязательств по обслуживанию долга и коэффициент покрытия задолженности. Если в методику обоснования и утверждения тарифов не будут внесены изменения, источники внешнего финансирования сектора (дотации и займы) пересохнут.

2. Учитывая остроту проблемы финансовой (ценовой) доступности услуг, на которую указывает Стратегия водоснабжения и санитации (водоотведения), необходима срочная разработка специальных мер социальной поддержки для смягчения воздействия, оказываемого увеличением тарифов, на бедные категории граждан. В конечном счете, индекс стоимости жизни и социальные трансферты отразят увеличение расходов домохозяйств на услуги ВСиВО. Разработка специальных мер социальной поддержки на краткосрочную перспективу и предоставление адресной социальной помощи, однако, должны осуществляться самим сектором ВСиВО.

Эти два вызова означают, что Молдове необходимо сначала разработать меры социальной поддержки и четко установить критерии ценовой доступности услуг ВСиВО и только потом приступать к повышению ставок тарифов (OECD, 2017[12]).

Мониторинг дефицита финансирования не осуществляется на систематической основе, что уж говорить о принятии мер по его сокращению. Минфин мог бы, например, разработать многолетний план по замещению субсидий на возмещение эксплуатационных затрат субсидиями на осуществление капитальных вложений.

Для Минфина наличие дефицита финансирования означает наличие пробела в стратегии для всего сектора ВСиВО. Прежде чем начать разработку стратегий по устранению или сокращению дефицита, СЭР должна сначала провести его мониторинг. Вышеприведенные расчеты являются лишь грубыми оценками.

Оценка СЭР

В связи с взятыми на себя Молдовой обязательствами на национальном и международном уровнях к СЭР сектора ВСиВО предъявляются высокие, но легитимные требования. Контраст между этими требованиями и реальностью впечатляющий.

1. Отсутствуют мониторинг деятельности предприятий вектора и стимулы к повышению ее эффективности. Действующее регулирование тарифов требует изначального проведения мониторинга базовых затрат, после чего любые корректировки тарифов (за исключением тарифов на электроэнергию) определяются параметрами, не зависящими от деятельности предприятия. Такие стимулы либо не имеют смысла, либо будут крайне несправедливыми. Помимо прочего, СЭР не предоставляет стимулов к оптимизации завышенной мощности систем ВСиВО. Отсутствуют мониторинг и оценка деятельности предприятий ВСиВО по адекватному набору показателей с открытой публикацией результатов.
2. Регионализация не двигается с места, поскольку отсутствуют лидеры, которые могли бы добиться внесения необходимых изменений в нормативно-правовую базу, а также некоторые ОМСУ I не готовы к данному процессу и не имеется правовых механизмов обеспечения исполнения подписанных ими соглашений.
3. Регулирование разработано на основе норм, учитывающих только одну бизнес-модель – эффективного одноцелевого нерегионализированного предприятия ВСиВО (апэканала), находящегося в собственности муниципалитета. СЭР не находится в поиске или не создает стимулов к использованию оптимизированных устойчивых бизнес-моделей в контексте вертикальной (или горизонтальной – *прим. ред.*) интеграции, аутсорсинга или

регионализации. Внедрение таких стимулов могло бы привлечь частный сектор и компании, предоставляющие услуги аутсорсинга.

4. Тарифы не позволяют полностью покрывать даже эксплуатационные затраты, не говоря уже о финансировании «расширенных» услуг, таких как очистка сточных вод или создание финансового резерва во избежание резкого скачка тарифов (такие резервы используются, например, в США).
5. СЭР не предоставляет механизмов социальной защиты бедных и уязвимых категорий граждан. Предполагается, что если местная публичная администрация или Министерство труда, социальной защиты и семьи посчитают нужным, то они самостоятельно предпримут необходимые меры.
6. Не установлен порог финансовой доступности услуг для населения в целом, до которого могут расти тарифы.
7. Отсутствует мониторинг дефицита финансирования, способного подорвать реализацию Стратегии водоснабжения и санитации (водоотведения). Если бы имелась возможность сокращения дефицита, все равно методика обоснования и утверждения тарифов не учитывает коэффициенты покрытия задолженности или какие-либо другие требования договоров займов.
8. Устаревшие строительные нормы и правила не позволяют достичь ЦУР, связанных с ВСиВО, оптимальным и экономически эффективным способом.
9. Отсутствуют планы расширения набора экономических инструментов, применяемых в области охраны окружающей среды, например, в такой сфере как сбор и очистка сточных вод, включая возведение КОС.

Независимый экономический регулятор может устранить некоторые недостатки, однако **создание надежной СЭР относится к сфере ответственности правительства в целом.** Правительство также должно будет обеспечить качественное руководство самим регулятором. Частые увольнения и (пере-)назначения сотрудников могут заставить усомниться в политической независимости регулятора, что только навредит его репутации.

Рисунок 2.8 представляет надлежащее регулирование как подходящие друг другу кусочки пазла:

Рисунок 2.8. Необходимые элементы для получения лучших результатов регулирования

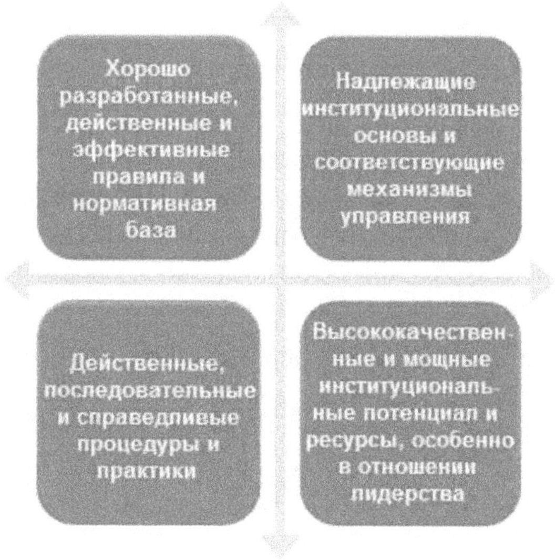

Источник: (OECD, 2015[4]), *The Governance of Water Regulators* (*«Руководство регуляторами водного сектора»*).

В случае Молдовы ни один из этих кусочков не является достаточно хорошо развитым или не подходит к другим элементам. СЭР выглядит фрагментированной, сами по себе компоненты имеются, но общий результат никак нельзя назвать системой. Отдельные министерства и ведомства действуют изолированно друг от друга в рамках четко определённых «территорий» – явный случай *разобщенного* подхода. Ни один из участников не координирует процесс или не предоставляет обзора ситуации. Орган правительства, который мог бы взять на себя эту роль, в частности, Комиссия по ВСиВО, был упразднен в середине 2015 года.

Экономический регулятор сектора ВСиВО, кажется, больше руководствуется законом, чем опытом ведомств и самого сектора. Не осуществляется Программа оказания технической помощи, не используется международная практика экономического регулирования водного сектора. Руководство самим регулятором, возможно, осуществляется не в соответствии с передовой практикой (см. раздел 3.1).

На момент написания настоящего отчета проводилось обсуждение поправок к Закону № 303. Важно будет точно оценить, насколько эффективно поправки к Закону смогут устранить слабые места, упомянутые в настоящей главе.

Ситуация выглядит достаточно мрачной. Однако имеется возможность создать необходимые правила, запустить верные процессы, правильно использовать потенциал и сформировать надлежащие нормативно-правовую базу и институты. В главе 3 рассматривается передовая практика, которая могла бы быть применена в Молдове и которая соответствует требованиям Соглашения об ассоциации с ЕС.

Сценарии реформирования СЭР в Молдове

В рамках НДВП состоялось обсуждение трех вариантов развития СЭР в Молдове: «Устранение затруднений», «Возвращение к чертежной доске» и «Завершение создания системы, включая возможную её реорганизацию» (далее кратко

«Завершение системы» - *прим.ред.*). Ниже приведено подробное обсуждение этих трех сценариев. НДВП поддержал третий вариант, однако оставил второй вариант открытым.

Сценарий 1: «Устранение недостатков»

Обзор

Данный сценарий нацелен на устранение недостатков текущей СЭР. Это подразумевает сохранение всех институтов и нормативно-правовых документов, фокусирование на сотрудничестве и неофициальный пересмотр ролей ключевых участников, а также процедур взаимодействия. Таким образом, внимание нацелено на поиск практических ситуативных решений имеющихся проблем.

В рамках данного сценария любая попытка разработать меры социальной поддержки по получению услуг ВСиВО на местах должна полагаться на добрую волю и бюджет ОМСУ. Социальный аспект предоставления услуг ВСиВО невозможно будет отрегулировать при помощи тарифов или мер, связанных с предоставлением услуг ВСиВО. Структура тарифа останется без изменений (волюметрический тариф).

Смысл

Прежде всего, для внедрения данного сценария не имеется каких-либо препятствий и не потребуется значительных затрат или внесения изменений в законодательство.

Во-вторых, другим преимуществом данного сценария является то, что он нацелен на корректирование только тех элементов СЭР, которые рассматриваются как проблемные. Однако это также может быть и недостатком, поскольку не выявляются упущенные возможности. Выявленные проблемы могут являться симптомами (как например, вопросы, связанные с увеличением тарифов, обусловленным договорами займа, которое невозможно осуществить в рамках действующей СЭР). Фокусирование внимания на симптомах не устранит более глубинные структурные недостатки СЭР, вызвавшие их.

В-третьих, процесс совершенствования СЭР в Молдове лишен лидеров именно по причине того, что нормативно-правовые основы остаются неизменными. На практике, как показывает опыт Италии, Англии и Уэльса, Косово и многих других стран, для улучшения СЭР потребуются годы более структурированного институционального развития (Rouse, 2007[14]; Massarutto, 2013[15]). В подтверждение приводится несколько конкретных примеров, взятых из коллективного исследовательского проекта «Инструменты экономической политики», реализованного при финансовой поддержке ЕС.

Вывод

Маловероятно, что сценарий 1 сможет удовлетворить требованиям, предъявляемым к СЭР, приведенным в разделе 1.4.

Сценарий 2: «Возвращение к чертежной доске»

Обзор

Данный вариант предлагает сделать шаг назад и пересмотреть цели отраслевой политики для сектора ВСиВО, его нормативно-правовую базу и роли различных заинтересованных сторон с последующей разработкой полностью новой СЭР. Для этого требуется дальнейшее глубинное переосмысление ожиданий Молдовы от СЭР, примерно так, как это было сделано в разделе 1.4 (повышение эффективности деятельности; фокусирование на крупных регионализированных операторах; устойчивые бизнес-модели; повышение ставок тарифов; меры социальной защиты; порог финансовой доступности услуг для населения; займы на приемлемых условиях и возвратное внешнее финансирование).

Смысл

Требуется дальнейшее осмысление различий между законом и подзаконным нормативно-правовым актом. В надлежащей юридической практике законы устанавливают общие принципы, которые затем прорабатываются более детально и разъясняются в подзаконных нормативных документах. В Молдове же, наоборот, законы настолько подробны, что не оставляет возможности их адаптирования в рамках закона, в зависимости от обстоятельств. Законодатели на практике превратились в регуляторов, не оставив официальным регуляторам практически никакого пространства для осуществления своей деятельности. Столь подробные законы рискуют скорее вступить в конфликт друг с другом, что часто случается.

Данный сценарий позволит полностью пересмотреть СЭР в соответствие с передовой международной и европейской практикой. Это выходит за рамки процесса реформирования сектора ВСиВО в Казахстане, характеризуемого в главе 3. Он позволит применить более высокие стандарты к экономическому регулированию, как, например, внедрение практики проведения оценки регулирующего воздействия. Для этого может потребоваться более активное участие регулятора в осуществлении мониторинга деятельности предприятий ВСиВО, что обеспечит прозрачность и окажет поистине стимулирующее воздействие на процесс повышения эффективности деятельности. Проверка оказания мер социальной поддержки и ценовой доступности услуг может стать неотъемлемой частью мандата регулятора.

Регулятор сможет получить больше свободы в рамках своего мандата. Тогда как одни стандарты явно будут применяться ко всем предприятиям, другие не обязательно должны будут незамедлительно соблюдаться всеми. В этом отношении регулятор будет находится в наилучшей позиции для вынесения беспристрастных независимых суждений. Для этого также потребуется надлежащее управление регулятором, предоставление ему большей независимости и защиты от политического вмешательства в сочетании с более высокой степенью подотчетности.

К основным препятствиям относятся требуемые время и потенциал.

Время: другим странам, таким как Албания, Бывшая Югославская Республика Македония, Косово и Казахстан, потребовалось два-три года на комплексный пересмотр СЭР и ее внедрение. Как минимум, СЭР должна продолжить действовать и в идеале совершенствовать свою деятельность. Обычно во времена подобных перемен заинтересованные стороны принимают выжидательную позицию. Может ли Молдова позволить себе терять время, не будучи уверенной в результате?

Потенциал: для разработки такой комплексной СЭР необходима отраслевая и правовая экспертиза, которой Молдове не хватает. Требуется эффективное сотрудничество между министерствами и ведомствами. Разработка полностью новой СЭР несет в себе вызовы, особенно учитывая ограниченный потенциал, не позволяющий управлять даже текущей системой. Существует риск того, что проект не приведет к желаемому результату, особенно в отсутствие «лидера», т. е. организации, которая смогла бы взять на себя ведущую роль в данном процессе.

Видение ситуации: Закон № 303 «О публичной услуге водоснабжения и канализации» был принят только в 2013 году. К маю 2017 года независимый экономический регулятор действовал в рамках предоставленного ему мандата в секторе ВСиВО менее трех лет. Резкий поворот после такого короткого периода может выглядеть, как непоследовательность в руководстве отраслью и отраслевой политике. Однако если бы имелась уверенность в получении желаемых результатов, то осуществление такого резкого поворота было бы меньшим злом.

Вывод

Нехватка времени и ограниченный потенциал в Молдове – основные отрицательные моменты, связанные со сценарием 2.

Сценарий 3: «Завершение системы»

Обзор

Третий вариант предусматривает прогресс за счет диалога, постепенного адаптирования системы и развития потенциала. Будут заполнены любые пробелы, имеющиеся в СЭР, и, при необходимости, система будет реорганизована. Восстановленная Комиссия по ВСиВО играла бы ключевую роль, выступая в качестве органа центральной власти и платформы для постоянной координации действий заинтересованных сторон.

Смысл

Данный подход стремился бы к достижению консенсуса на высоком уровне по ожидаемым от СЭР Молдовы результатам с учетом стратегических задач развития сектора к 2030 году, Соглашения об ассоциации с ЕС, директив ЕС, Парижского соглашения по климату и ЦУР.

В случаях, где это необходимо и возможно, изменения законодательства должны касаться только Закона № 303 «О публичной услуге водоснабжения и канализации».

Положение НАРЭ удачно для выработки более выразительной позиции, участия в общественных обсуждениях, поиска и проверки границ своего мандата через диалог. При необходимости, его мандат должен быть подтвержден посредством внесения изменений в законодательство. НАРЭ необходимо обозначить границы своего мандата, а не относящиеся к нему обязанности должны будут взять на себя другие участники СЭР. К сфере ответственности регулятора явно не относятся строительные нормы и правила, но также разработка экономических инструментов для обеспечения устойчивости услуг ВСиВО. НАРЭ может выступать ярым сторонником внесения изменений, тем самым восстанавливая доверие имеющихся и потенциальных кредиторов и доноров.

Правительство Молдовы могло бы предусмотреть для экономического регулятора сектора ВСиВО пакет специальной технической помощи. Оно также могло бы оказать поддержку процессу налаживания более крепких связей с другими регуляторами водного сектора в ЕС и странах с переходной экономикой. Страны ЕС способны поделиться передовой практикой, однако у них мало опыта регулирования поставщиков услуг с ограниченным денежным потоком, деятельность которых должна быть существенно улучшена, эксплуатируемые сети которых находятся в плохом состоянии и которым для соответствия современным требованиям необходимы существенные капитальные вложения. У множества других стран, не входящих в ЕС, имеется такой опыт, накопленный за последние двадцать лет.

Методика обоснования и утверждения тарифов была бы пересмотрена с привлечением национальных и международных экспертов, базируясь на четко обозначенных целях отраслевой политики, согласованных до начала разработки методики.

(Восстановленная) Комиссия по ВСиВО имела бы наилучшую позицию для проведения реформы. Она бы координировала процесс регионализации и содействовала использованию устойчивых бизнес-моделей, учитывающих соответствующие уровни горизонтальной и вертикальной интеграции, аутсорсинг и участие частного сектора.

Специальные меры адресной социальной поддержки должны будут помочь сектору ВСиВО смягчить отрицательное воздействие повышения тарифов на бедные категории граждан. Такие меры будут разрабатываться при тщательном изучении мнений заинтересованных сторон. Это предоставит оптимальную степень автономности ОМСУ, что позволит им адаптировать меры к потребностям на местах и степени солидарности. Финансирование мер социальной поддержки должно быть прозрачным.

Вывод

Внедрение сценария 3 может начаться безотлагательно. Единственно возможной трудностью, однако, является нахождение баланса между сферами компетенций министерств и Комиссии по ВСиВО. Официально сферы компетенций останутся закрепленными за министерствами, однако им придется учитывать решения или компромиссы, выработанные Комиссией по ВСиВО, и быть приверженными им. Косово успешно разрешило эту проблему, передав председательство в Комиссии Офису премьер-министра. Однако, риск остается: будут ли достигнуты цели отраслевой политики и являются ли они достаточно твердыми для внедрения.

Выбор сценария

В таблице ниже (Таблица 2.1) приведено резюме преимуществ, рисков и перспектив внедрения каждого сценария.

Таблица 2.1. Оценка сценариев: «осуществимость» и желаемые результаты

	Сценарий 1	Сценарий 2	Сценарий 3
А. «Осуществимость»			
Время на разработку и внедрение	++	-	+
Административные затраты и затраты на управление (процессом внедрения)	++	=	+
Риск, связанный с внедрением	++	+	= ***
B. Желаемые результаты отраслевой политики	- -	= *	= **

Примечание: *Риск – отсутствие желаемых результатов после долгого процесса внедрения. **Риск – достижение желаемых результатов отраслевой политики зависит от сотрудничества заинтересованных сторон. ***Риск – для внедрения требуется внесение более фундаментальных изменений в правовые и институциональные основы.

++ Хорошая перспектива и/или очень ограниченный риск (для внедрения)

+ Умеренная перспектива и/или ограниченный риск

= существенные препятствия и/или существенный риск

- серьезные препятствия и/или существенный риск

- - почти непреодолимые препятствия и/или почти непреодолимый риск

Источник: Собственная разработка автора.

Данные сценарии были представлены на обсуждение разработчикам отраслевой политики, экспертам и различным другим заинтересованным сторонам. Два самых важных обсуждения состоялись на совещании на уровне экспертов 16 ноября 2016 года и на заседании Координационного Совета НДВП 17 ноября 2016 года. Отчет о проведенном совещании на уровне экспертов находится в приложении (Приложение 2.А).

Консенсус мнений экспертов и других заинтересованных сторон склонялся к третьему варианту, т. е. к сценарию «Завершение системы». Однако Министерство окружающей среды отдало решительное предпочтение варианту 2, т. е. сценарию «Возвращение к чертежной доске».

Индивидуальные предпочтения стоит учитывать, также как и выбранный сценарий. В конечном счете, именно отдельные лица, а не системы, участвуют в процессах и сотрудничают (или не сотрудничают) друг с другом. Они согласовывают интересы, устанавливают доверительные отношения, находят компромиссы, придумывают решения, действуют и т.д. Все эти элементы важны для успешной разработки СЭР.

Участники совещания на уровне экспертов и заседания Координационного совета НДВП приветствовали решение приступить к незамедлительному внедрению сценария 3, как лучшего из двух подходов, оставив вариант 2 открытым.

Необходимо проработать рекомендации по проведению комплексных реформ. Будут ли они внедрены под сценарием 2 или 3 не имеет большого значения. В главе 4 рассматриваются рекомендации по реформированию СЭР с учетом консенсуса, достигнутого между экспертами и заинтересованными сторонами.

Примечания

[1] См. http://mf.gov.md/actdoc/BOOST

[2] См. http://mediu.gov.md/index.php/strategia/79-categorii-in-romana/despre-minister/institutii-subordonate/72-fondul-ecologic-national

Ссылки

Eptisa (2012), *Republic of Moldova's Water Supply and Sanitation Strategy (Revised Version 2012)*, http://www.serviciilocale.md/public/files/2nd_Draft_WSS_Strategy_October_final_Eng.pdf. [5]

Geert Engelsman, M. (2016), *Review of success stories in urban water utility reform*, http://file:///C:/Users/Dubois_M/Downloads/Review%20of%20Successful%20Urban%20Water%20Utility%20Reforms%20Final%20Version%20(1).pdf. [3]

Massarutto, A. (2013), *Italian water pricing reform between technical rules and political will*, http://www.feem-project.net/epiwater/docs/epi-water_policy-paper_no05.pdf. [10]

OECD (2017), *Improving Domestic Financial Support Mechanisms in Moldova's Water and Sanitation Sector*, OECD Studies on Water, OECD Publishing, Paris, http://dx.doi.org/10.1787/9789264252202-en. [6]

OECD (2016), *OECD Council Recommendation on Water*, https://www.oecd.org/environment/resources/Council-Recommendation-on-water.pdf. [7]

OECD (2015), "Regulatory Impact Analysis", in *Government at a Glance 2015*, OECD Publishing, Paris, http://dx.doi.org/10.1787/gov_glance-2015-39-en. [4]

OECD (2010), *Innovative Financing Mechanisms for the Water Sector*, OECD Studies on Water, OECD Publishing, Paris, http://dx.doi.org/10.1787/9789264083660-en. [8]

OECD EAP Task Force (2003), *Key Issues and Recommendations for Consumer Protection: Affordability, Social Protection, and Public Participation in Urban Water Sector Reform in Eastern Europe, Caucasus and Central Asia*, http://www.oecd.org/env/outreach/14636760.pdf. [1]

Pienaru, A. et al. (2014), *Modernization of local public services in the Republic of Moldova*, http://www.serviciilocale.md/public/files/prs/2014_09_18_WSS_RSP_DRN_FINAL_EN.pdf. [2]

Rouse, M. (2007), *Institutional Governance and Regulation of Water Services | IWA Publishing*, IWA, London, https://www.iwapublishing.com/books/9781843391340/institutional-governance-and-regulation-water-services. [9]

Приложение 2.A Ставки тарифов в Молдове (на май 2015 г.), молд. лей/м^3

№	Название оператора водоснабжения (апэканала)	Средний тариф	Население	Иное	Бюджет	Иное
1	S.A. "Apă-Canal Chisinau"	8,86	8,06	12,7	-	6,69 за техническую воду
2	Î.M. "RCL" Cricova	12,86	10	34,86	-	-
3	Î.M. "RCL" Ciorescu	11,05	7	21	18,02	-
4	Î.M. D.P. "Apă-Canal" Anenii Noi	13,53	13,50 /4,5	37,40	-	7,5 для уязвимых домашних хозяйств
5	Î.M. "Comunservice" Criuleni	10,7	9.2	30	-	-
6	Î.S. "Apă-Canal" Straseni	14,72	14,60	30	-	-
7	Î.M. "DC" Cojuşna	-	-	-	-	-
8	Î.M.C. "Floreni-Service"	8,88	7	13	-	-
9	I.M. Regia "Apă-Canal" Balti"	15,05	11,08	23,64	-	-
10	Î.M. D.P. "GCL" Făleşti	14,51	10,9	35,20	-	-
11	Î.M. "Servicii Comunale Glodeni"	23,61	13,2	54,83	-	-
12	Î.M. "Gospodăria Comunală Rîşcani"	13,85	12	28	-	25 для профессионального училища
13	Î.M. D.P. "Apă-Canal" Sîngerei	10,71	9	40	13	-
14	Î.M. "Apă-Canal" Cahul	11,25	6,0 / 12,0	27,97	21	-
15	Î.M. "Apă-Canal" Cantemir	14,05	9,95	24	-	9,8 для общественных туалетов
16	Î.M. "Apă-Canal" Taraclia	13,61	10	37,50	16,67	-
17	Î.M. "Apă-Canal" Edineţ	21,35	12,5	25,05	19,15	-
18	Î.M. "GCL" Briceni	12,82	11	35	-	-
19	Î.M. "Apă-Canal" Donduşeni	17,7	14	33	33	-
20	Î.M. "Apă-Canal" Basarabeasca	9,7	9	36	-	7 для одиноких пенсионеров
21	Î.M. "Apă-Canal" Leova	21,03	16,03	34,82	-	-
22	S.C. "Amen-Ver" S.A. Hînceşti	22,07	18,40	50,40	-	-
23	Î.M. Regia Apă-Canal Orhei	15,7	16,20	26,10	-	2,9 для Пьятры 16,2 для спортивного комплекса
24	Î.M. "SCL" Rezina	21,50	12,80	51,8	-	-
25	Î.M. D.P. "Apă-Canal" Teleneşti	12,39	10	35	-	-
26	Î.M. Regia "Apă-Soldăneşti"	6	5,4	12	-	-
27	Î.M. "Apă-Canal" Drochia	17,81	10	39,17	-	-
28	S.A. "Service-Comunale" Floreşti	21,16	19,36	35,09	32,26	-
29	S.A. "Regia Apă-Canal" Soroca	17,85	10,90 /15,26	35,20	40,94	14,5 для населения с. Егоровка
30	Î.M. "Apă-Canal" Căuşeni	17,38	14,00	38,00	-	-
31	Î.M. D.P. "Apă-Canal" Ştefan Voda	17,60	15	48,74	-	28 на отопительные нужды

№	Название оператора водоснабжения (апэканала)	Средний тариф	Население	Иное	Бюджет	Иное
32	Î.M. "Apă-Canal" Ungheni	8,98	5,84	22,04	13.90	-
33	Î.M. "GAAC" Nisporeni	16,92	14	37,23	18,80 /22,34 школа	37,23
34	Î.M. "GCL" Calarasi	18,16	16,5	28	-	-
35	Î.M. "Su-Canal" Comrat	19	16	32,92	35,41	11,67 для S.A. "Aidîn"
36	S.A. "Apă-Termo" Ceadîr-Lunga	18,76	16,2	40	-	16,20 для центра сестринского ухода
37	Î.M. "Apă-Canal" Vulcăneşti		16	44	50	-
38	Î.S.I. "Acva-Nord"	4,05	-	4,05	-	-
39	Î.M. "Apă-Canal" Ocniţa	19,19	15,1	35,75	-	-
40	Î.M. "Servicii Publice" Cimislia	14,13	12	18	15	-

Примечание: АМАС подтвердила, что с 15 мая 2015 года в тарифные ставки не было внесено изменений.

Источник: База данных АМАС, данные на август 2017 года.

Приложение 2.В Отчет по результатам совещания на уровне экспертов от 16 ноября 2016 года

1. ***Цели***

Совещание на уровне экспертов состоялось в рамках разработки рекомендаций по усилению системы экономического регулирования (СЭР) сектора водоснабжения и водоотведения (ВСиВО) в Молдове. Целями совещания являлись:

- получение замечаний и обсуждение содержания промежуточного отчета;
- обмен взглядами и содействие диалогу между различными заинтересованными сторонами по обсуждаемой теме;
- лучшее понимание текущего состояния СЭР сектора ВСиВО в Молдове;
- освещение конкретных примеров международной практики, имеющих отношение к СЭР сектора ВСиВО;
- достижение консенсуса между экспертами по рекомендациям, требующим дальнейшей проработки.

2. ***Явка участников***

На совещание были приглашены и активно привлекались все основные заинтересованные стороны. Разработка СЭР была важна для всех приглашенных, поскольку напрямую затрагивала интересы операторов, муниципалитетов, потребителей и т. п. Также некоторые заинтересованные стороны испытывали недовольство существующей системой регулирования. Местом проведения совещания было выбрано центрально расположенное привлекательное здание.

Несмотря на это, присутствующих было меньше, чем ожидалось. Прежде всего это было связано с парламентскими слушаниями по поправкам к Закону № 303 «О публичной услуге водоснабжения и канализации». Парламентские слушания были заявлены за два дня до запланированного совещания на уровне экспертов и проходили в то же самое время.

К счастью, на совещании присутствовало достаточное число экспертов для запланированного обмена мнениями.

3. ***Темы обсуждения***

Сначала Гил Вербек представил резюме промежуточного отчета. После презентации участники разделились на две группы для проведения обсуждений за отдельными столами в менее официальном формате. В обеих группах проходили оживленные обсуждения.

Среди прочих вопросов группа 1 обсудила недостатки СЭР в контексте городского водоснабжения. Двусмысленность закона о кондоминиумах представляет сложность. Операторы не могут проводить оценку состояния внутренних сетей зданий или контролировать их состояние, от операторов не требуется проводить ремонт внутренних сетей, и они не получают за это вознаграждения. Операторы могут брать плату с квартир только за объем потребленной воды, согласно показаниям счетчиков-водомеров. Внедрение стимулов к сотрудничеству между собственниками квартир для решения основных вопросов технического обслуживания является институциональным вызовом.

Группа 2 основательно обсудила два вопроса. Прежде всего, был рассмотрен вопрос о степени свободы, необходимой регулятору. Закон практически не оставляет регулятору свободы выбора. Таким образом, сложно установить тарифы, которые бы стимулировали повышение эффективности деятельности операторов ВСиВО с учетом их потенциала к повышению эффективности своей деятельности в течение разумного периода времени. Затем группа обсудила роль муниципалитетов и способы выработки нормативно-правовых и регуляторных основ для оказания содействия региональному сотрудничеству.

На пленарной сессии, проведенной в первой половине дня, рассматривались варианты реформирования СЭР. Большинство участников выступило за сценарий 3. Целью данного варианта является создание обновленной и более эффективной СЭР, более решительно справляющейся со стоящими перед ней вызовами без необходимости полного ее пересмотра. Однако Министерство окружающей среды отдало свое предпочтение сценарию 2 даже если для этого потребуется «возвращение к чертежной доске».

После обеденного перерыва г-н Вербек представил синтез обсуждений, основными выводами которых стали:

- закон должен отражать принципы, а не использоваться для микроменеджмента;
- экономические инструменты как многообещающая область отраслевой политики;
- деполитизация через внедрение нормативно-правовой базы ЕС (*acquis*) как возможность;
- продолжение работы над методикой обоснования и утверждения тарифов, если первые внесенные изменения принесли результаты;
- потребность в стимулах и инициативах к проведению регионализации;
- необходимость осуществления мониторинга деятельности операторов, а также отраслевой политики;
- доработка вариантов мер социальной поддержки в получении услуг ВСиВО, представленных в 2015 году.

Было представлено несколько рекомендаций:

1. Увеличить прозрачность водного сектора: операторов, капитальных затрат, бюджета; обновить показатели ТНТ по услугам, инвестициям и задачам отраслевой политики.

2. Увеличить государственное финансирование посредством выделения бюджетных и внебюджетных средств на сектор ВСиВО (с последующим их перераспределением на: подачу питьевой и технической воды, субсидии на возмещение эксплуатационных затрат, субсидии на осуществление капитальных вложений, меры социальной поддержки или поддержки управления).

3. На уровне операторов, создать фонд развития.

4. Поэтапно повышать ставки сборов за забор и загрязнение воды, денежные поступления от которых направлять в (целевой) бюджетный водный фонд.

5. Соблюдать обязательства, взятые страной в сфере ВСиВО, сообразно размеру бюджетных и внебюджетных средств, собранных на реализацию Стратегии водоснабжения и санитации (водоотведения).
6. Опробовать проект предоставления льгот (скидок) беднейшим категориям потребителей на основании данных МТСЗиС с перспективой и намерением масштабировать успешный опыт на национальном уровне.
7. Рассмотреть проекты по оказанию поддержки в снижении капитальных затрат исключительно для операторов, затронутых процессом регионализации.
8. Рассмотреть вариант замещения преференциального режима НДС обязательством бюджета по осуществлению инвестиций в водный сектор.

Эти рекомендации предстояло детально проработать в итоговом отчете.

В конце совещания был графически представлен ряд механизмов и инструментов, которые будут использоваться в более совершенной СЭР сектора ВСиВО, чтобы наглядно показать, как они будут действовать. К таким механизмам и инструментам относятся: механизм предоставления скидок, (целевой) бюджетный водный фонд, фонд развития (схожий с румынскими фондами технического обслуживания, модернизации и развития). Графическое представление оказалось полезным и будет также использовано в итоговом отчете.

4. ***Оценка***

Первые четыре цели, обозначенные в начале настоящего документа, были достигнуты. В отношении последней цели заинтересованные стороны сначала подождут более конкретных предложений, прежде чем взять на себя какие-либо обязательства, что понятно.

Организация отдельных круглых столов для обсуждения вопросов в небольших группах было хорошим решением. Это способствовало более активному участию в обсуждениях. Последующие мероприятия могли бы с уверенностью использовать методы для поощрения активного участия, такие как разделение участников на группы; использование высказываний, которые необходимо прокомментировать; использование формата деловой игры и т. п.

Содержание промежуточного отчета было распространено среди более широкой группы лиц, чем если бы отчет был отправлен различным заинтересованным сторонам для получения их комментариев. Мероприятие подчеркнуло необходимость более открытого сотрудничества между заинтересованными сторонами в водном секторе. Фокусирование внимания на экспертах, а не на заинтересованных сторонах, способствовало более информационно насыщенным и открытым обсуждениям без выделения чьих-либо интересов.

Совещание на уровне экспертов, возможно, способствовало большей степени признания и лучшему пониманию необходимости принятия дальнейших мер по реформированию водного сектора, которые будут сформулированы в рамках настоящего проекта, а также других инициатив.

5. *Повестка дня*

9:00	9:30	Встреча участников и раздача материалов	
9:30	9:40	Открытие	г-н Александр Мартусевич
9:40	10:25	Резюме промежуточного отчета и достигнутый в последствии прогресс	г-н Гил Вербек
10:25	10:45	Замечания групп заинтересованных сторон по резюме отчета и представление рабочим группам вопросов для обсуждения	группа заинтересованных сторон
10:45	*11:00*	*Кофе-брейк*	
11:00	12:00	Выработка конкретных мер отдельными дискуссионными группами	г-н Левон Бархударян г-н Гил Вербек и другие
12:00	12:30	Пленарная презентация результатов обсуждений рабочих групп	модераторы дискуссионных групп
12:30	*13:30*	*Обед*	
13:30	14:00	Синтез: набросок рекомендаций для дальнейшей проработки	г-н Гил Вербек
14:00	14:20	Финальные замечания заинтересованных сторон и экспертов	г-н Александр Погосян
14:20	14:30	Подведение итогов и резюме действий, которые следует предпринять	г-н Александр Мартусевич
14:30		*Фуршет*	

3. Надлежащая практика и опыт конкретных стран

В настоящей главе обсуждаются надлежащие практика и опыт стран, выбранных в качестве примера, которые потенциально могут быть применены в Республике Молдова. Чили обладает высокоразвитой системой экономического регулирования. Казахстан, бывшая республика Советского Союза, запустил процесс комплексного реформирования системы регулирования. Нидерланды, где регионализация услуг водоснабжения состоялась в середине 1970-ых годов, также известны своим подходом к регулированию с участием всех заинтересованных сторон и особыми инструментами оказания социальной помощи. Фландрия, регион Бельгии, славится своей высокоразвитой системой тарифных мер социальной поддержки.

Надлежащая практика применения системы экономического регулирования не предоставляет примеров, которые можно бы было просто взять и скопировать. Приведенные примеры всего лишь показывают важность прозрачности и диалога, соответствия инструментов целям отраслевой политики и потенциалу системы регулирования.

В настоящей главе рассматривается, какие уроки можно извлечь из опыта других стран, чтобы использовать полученные знания для улучшения системы экономического регулирования в Молдове для достижения целей водной политики.

Надлежащая практика

Первым принципом надлежащего управления сектором водоснабжения и водоотведения (ВСиВО) является разделение сфер разработки отраслевой политики, регулирования и предоставления услуг (Rouse, 2007[1]). Подобное разделение никогда не бывает окончательным и не лишено противоречий. Регуляторы будут склонны вступать в обсуждение и координировать вопросы, относящихся ко всем трем сферам ответственности.

Стандарты регулирования только появляются. Сформулировано восемь принципов надлежащего экономического регулирования (Таблица 3.1):

Таблица 3.1. Восемь принципов экономического регулирования ОЭСР

1	**Действовать в соответствии с четко обозначенными целями отраслевой политики, быть эффективным при достижении этих целей.**
2	Иметь надежные правовую и эмпирическую основы.
3	Получать выгоды, оправдывающие затраты, с учетом распространения их воздействия на все категории населения и эффекта, оказываемого на экономику, окружающую среду и общество.
4	Минимизировать затраты и возможные искажения рыночного равновесия.
5	Продвигать инновации при помощи рыночных стимулов и целевых подходов.
6	Быть понятным, простым и практичным для пользователей.
7	Соответствовать другим нормативным документам и отраслевым политикам.
8	Быть максимально совместимым с принципами конкуренции, торговли и инвестирования на национальном и международном уровнях.

Источник: (OECD, 2015[2]), *The Governance of Water Regulators («Управление регуляторами водного сектора»)*.

Также разработаны стандарты управления регуляторами, имеющие поразительное сходство с принципами регулирования (Таблица 3.2):

Таблица 3.2. Семь принципов управления регуляторами

1	**Прояснение роли регулятора**
2	Предотвращение нецелесообразного вмешательства и сохранение доверия
3	Принятие решений и структура руководящего органа независимого регулятора
4	Подотчетность и прозрачность
5	Вовлеченность
6	Финансирование
7	Оценка эффективности

Источник: (OECD, 2015[2]), *The Governance of Water Regulators («Управление регуляторами водного сектора»)*.

С учетом практической деятельности экономического регулятора и практики регулирования, охарактеризованных в предыдущей главе, а также с учетом двух вышеприведенных списков принципов, в Молдове многое предстоит сделать как в сфере регулирования, так и в области управления регулятором.

Некоторые из вышеперечисленных принципов намекают на признание необходимости итераций, изучения опыта и проведения консультаций с заинтересованными сторонами (обратная связь, диалог) как ключевых элементов передовой практики. Таким образом, система экономического регулирования (СЭР) представляет собой циклический процесс на основе «планирование-действие-проверка-осуществление».

Регулирование является частью процесса управления всем сектором (Rouse, 2007[1]). Более того, надлежащее управление регуляторами критически важно для надлежащего регулирования, а следовательно, и для предоставления услуг. Граница между регулированием и проведением отраслевой политики не всегда ясна и требует периодической корректировки.

В таблице ниже (Таблица 3.3) представлено несколько задач и обязанностей регулятора. В контексте Молдовы не всегда сразу очевидно, какая задача к чему относится. Важнее признать, что все эти обязанности должны исполняться на практике.

Берг и др. (2013 г.) высказывает свои соображения по вопросу отношений и взаимодействия между регулятором, поставщиком услуг и разработчиком отраслевой политики: для того, чтобы регулировать, нужен сектор, который можно регулировать. Правильное взаимодействие крайне важно для успешной работы СЭР:

> «Проблема сводится к привлечению более широкого круга институтов, поддерживающих регуляторные и управленческие мероприятия, продвигающие надлежащее функционирование сектора. Иными словами, необходимо установить правильные структуры управления (правила игры) и совершать правильные действия по существу (участие в игре)». *(Berg et al., 2013[3])*

Передовая практика в сфере систем экономического регулирования не предоставляет примеров, которые можно просто скопировать. Разработка СЭР требует прежде всего прозрачности, диалога, терпения и подхода, ориентированного на поиск профессиональных решений. При этом полезно ознакомиться с опытом конкретных стран в качестве примера (Trémolet and Hunt, 2006[3]).

Таблица 3.3. Типичные обязанности и задачи экономического регулятора

Задачи Обязанности	Регулирование цены	Регулирование качества предоставляемых услуг	Регулирование конкуренции	Защита потребителей
Сбор информации и данных				
	• Сбор информации по текущим и прогнозируемым затратам и тарифной выручке • Сбор информации о готовности платить за альтернативные виды услуг	• Получение информации о текущем уровне предоставления услуг • Проведение технических исследований	• Получение информации о незаконном или монополистическом поведении	• Проведение исследований мнения потребителей • Создание колл-центров для работы с жалобами потребителей
Мониторинг внедрения правил				
	• Проведение аудита финансовой отчетности • Обеспечение применения адекватных тарифов	• Обеспечение соответствия качества предоставляемых услуг установленным требованиям • Обеспечение выполнения задач по охвату населения услугами	• Изучение случаев злоупотребления монопольной властью (грабительская практика и т.п.)	• Проведение административного аудита систем и процедур информирования клиентов; предоставление информации
Установление правил				
	• Пересмотр ставок тарифов с учетом инфляции или изменения тарифной базы • Изменение структуры тарифов и способов оплаты	• Определение или пересмотр стандартов качества • Адаптирование стандартов качества к реальным потребностям	• Организация торгов • Вынесение решений по случаям недобросовестной конкуренции в рамках поданных жалоб	• Определение стандартов и требований к обслуживанию клиентов
Исполнение решений				
	• Корректировка тарифов с учетом результатов деятельности операторов • Применение штрафных санкций	• Требование повышения качества услуг	• Ослабление власти монополий или внесение изменений в условия предоставления доступа к услугам	• Разрешение споров между потребителями и регулируемым предприятием

Источник: (Trémolet and Hunt, 2006[3]), *Water Supply and Sanitation («Водоснабжение и водоотведение»)*.

Опыт стран

Имеется длинный список стран, чей опыт может быть потенциально применен. Мы ссылаемся также на отчет *«Совершенствование национальных механизмов финансовой поддержки сектора ВСиВО в Молдове»*, в котором рассматривается опыт Армении, Румынии, Франции и Украины (OECD, 2017[4]). Опыт стран, приведенный ниже, должен рассматриваться как полезное дополнение.

Чили – страна со средним уровнем дохода с высокоразвитой системой регулирования.
Фландрия известна своей развитой системой тарифных мер социальной поддержки.

Нидерланды регионализовали услуги водоснабжения в середине 1970-х годов. Страна известна своим подходом к регулированию с учетом мнений множества заинтересованных сторон и особым инструментом предоставления социальной поддержки по получению услуг ВСиВО.

Казахстан, бывшая республика Советского Союза, начал проведение комплексной реформы системы регулирования.

Как показывает Рисунок 3.1, во многих отношениях эти страны отличаются от Молдовы. При использовании знаний, извлеченных из данных уроков, всегда необходимо помнить об этом (UNDP, 2015[5]).

Рисунок 3.1. Валовый национальный доход (ВНД) и Индекс человеческого развития (ИЧР), точечная диаграмма и положение на ней стран, приведенных в качестве примеров

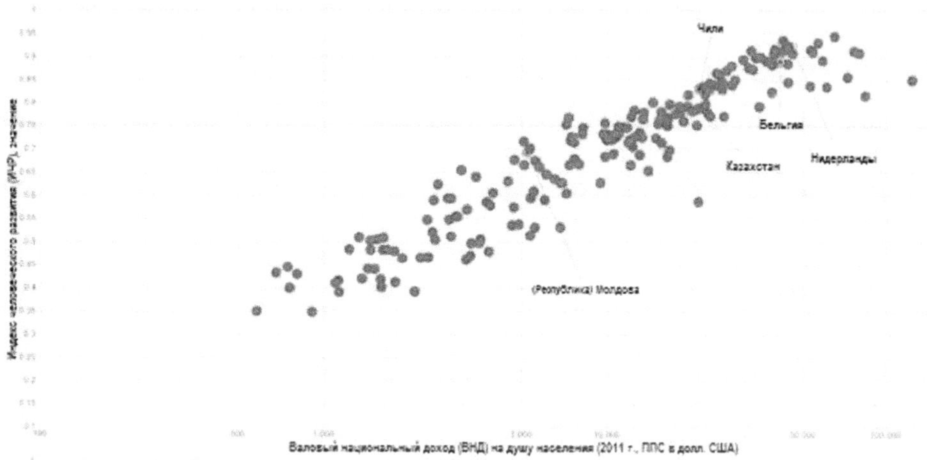

Источник: (UNDP, 2015[5]), *«Доклад о человеческом развитии 2015: Труд во имя человеческого развития»*.

Чили

Чили имеет хорошую репутацию в отношении функционирования водного сектора и предоставления социальных услуг. Процесс реформирования водного сектора был начат в 1970-х годах, что привело к регионализации и постепенному повышению ставок тарифов. Ключевым моментом этого процесса стало создание независимого экономического регулятора *Superintendencia de Services Sanitarors* (SSIS). Кроме того, было определено четыре принципа установления тарифов: отсутствие дискриминации, покрытие затрат, экономическая эффективность и поощрение сохранения природных ресурсов. Небольшой по численности сотрудников регулятор SSIS разработал модель предприятия ВСиВО, с которой можно было сравнивать 14 действовавших предприятий сектора. При установлении тарифов учитывались запланированные меры повышения эффективности деятельности регулируемых предприятий. Благодаря SSIS уменьшились объемы утечек в сетях и улучшилась ситуация с покрытием затрат, но объемы инвестиций остались незначительными. SSIS не обладал достаточной властью, чтобы оказывать воздействие на некоторые более крупные и неэффективные предприятия сектора. Эта проблема была решена посредством:

- наделения SSIS б*о*льшей властью и предоставления ему б*о*льшей степени независимости, включая финансирование посредством сборов, уплачиваемых предприятиями ВСиВО;
- привлечение финансирования для инфраструктурных проектов посредством продажи ценных бумаг, заключения концессионных соглашений и привлечения частного сектора. Таким образом были собраны денежные средства в размере 1 млрд долл. США, впоследствии полностью инвестированные в инфраструктуру ВСиВО.

Помимо основных обязанностей SSIS также проводит мониторинг соблюдения условий отраслевых и концессионных соглашений.

В отношении мер социальной поддержки Чили также является показательным примером. С точки зрения социальных затрат, отсутствие доступа к воде обходится намного дороже, чем обеспечение доступа к услугам водоснабжения по тарифам, предусматривающим покрытие затрат. Меры социальной поддержки были сосредоточены на финансировании расширения систем или на финансировании затрат по расширению доступа к услугам ВСиВО, половина из них была направлена на повышения доступа к ВСиВО бедных категорий граждан.

Все счета за потребленный объем воды согласно счетчикам-водомерам выставляются всем потребителям по полной ставке тарифа. Нуждающиеся бедные категории потребителей, однако, могут приносить выставленные им счета в муниципалитет. Муниципалитет оплачивает часть суммы к оплате по счету, остальная часть должна оплачиваться потребителем. Таким образом муниципалитеты в среднем покрывают 6 % оборотных средств предприятий ВСиВО.

Мало кто будет оспаривать успех Чили в реформировании водного сектора. Не ясно только, с каким успехом другие страны могли бы достигнуть таких же результатов. Ведь Чили имеет долгую традицию эффективного администрирования и использования договоров в сфере управления государственным сектором. В результате такого подхода страна смогла оказать адресную поддержку бедных категорий граждан и собрать средства, использованные большей частью на финансирование очистки сточных вод. Опыт Чили показывает, что экономическое регулирование необходимо периодически корректировать в соответствии с задачами отраслевой политики, что относится к сфере ответственности правительства в целом.

Даже в контексте высокоразвитого регулирования регулятор должен бороться за свое «место под солнцем». Система социальной поддержки предоставляет свободу на местах (автономность местных игроков) в отношении объема оказываемой помощи, но не в отношении критериев определения бедных категорий граждан или выбора способов их поддержки. Одновременно капитальные вложения обеспечили практически всеобщий доступ к услугам водоснабжения. С учетом того, что половина новых подключений к сетям ВСиВО между 1987 и 1995 годами пришлась на бедные категории граждан, капитальные вложения в инфраструктуру ВСиВО можно рассматривать, как важнейшую часть пакета мер социальной защиты.

Фландрия

Фландрия (регион Бельгии) обладает, наверное, самой совершенной и, по мнению многих, идеальной социально-ориентированной тарифной системой. Во-первых, с потребителей берется всего лишь небольшая фиксированная плата на покрытие затрат по измерению объемов потребленной воды и выставлению счетов. В целом, она составляет менее 10 % от суммы к оплате по счету. Волюметрическая часть счета оплачивается по «обычному» или «социальному» тарифу. По структуре «обычный» тариф является блочным тарифом с повышающейся ставкой тарифа, но размер блока зависит от размера домохозяйства, а не является фиксированной величиной. Таким образом, более крупные домохозяйства платят за кубический метр воды ту же цену, что и небольшие домохозяйства, при условии, что они относятся к одной тарифной группе и имеют схожий объем потребления воды на человека.

Социальный тариф составляет ноль евро за первые 15 м^3 на человека в год или за первые 41 литров на человека в сутки (лчс). Кроме того, социальный тариф ниже, чем обычный тариф. Данная концепция проиллюстрирована на рисунках ниже (Рисунок 3.2 и Рисунок 3.3). Благодаря встроенному перекрестному субсидированию небольших домохозяйств более крупными домохозяйствами предельная стоимость воды очень высока как для состоятельных, так и малоимущих категорий граждан. Таким образом имеется стимул к снижению потребления воды.

Рисунок 3.2. Компоненты расходов различных домохозяйств на услуги ВСиВО (по размеру и уровням потребления) за год, 2017 год

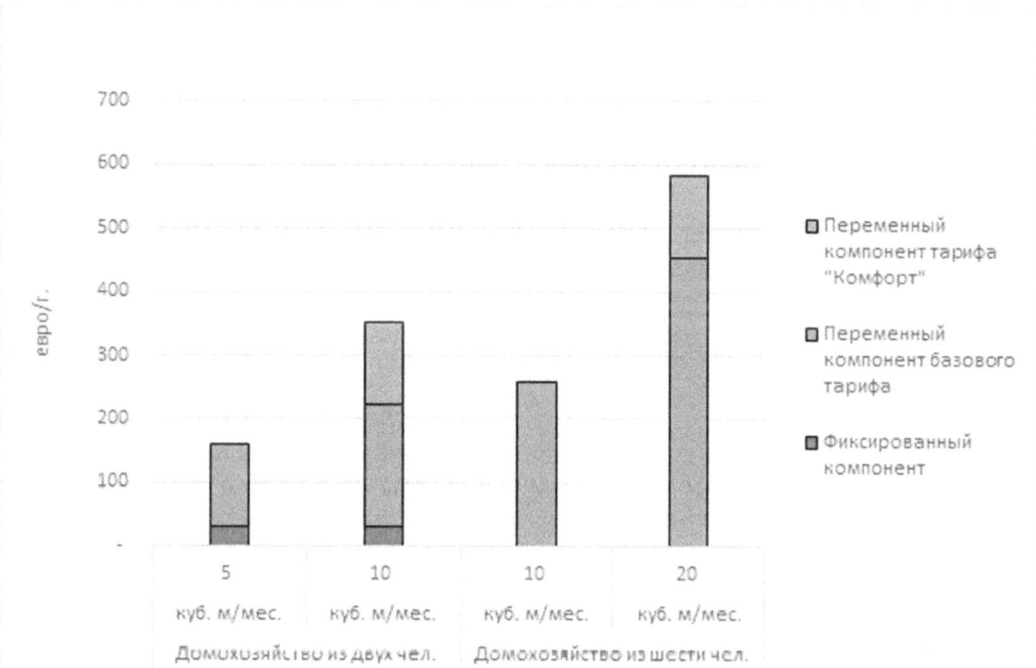

Источник: https://www.farys.be/nl/watertarieven

Рисунок 3.3. Город Гент: общие расходы различных (по размеру) домохозяйств на м^3 воды, 2018 год

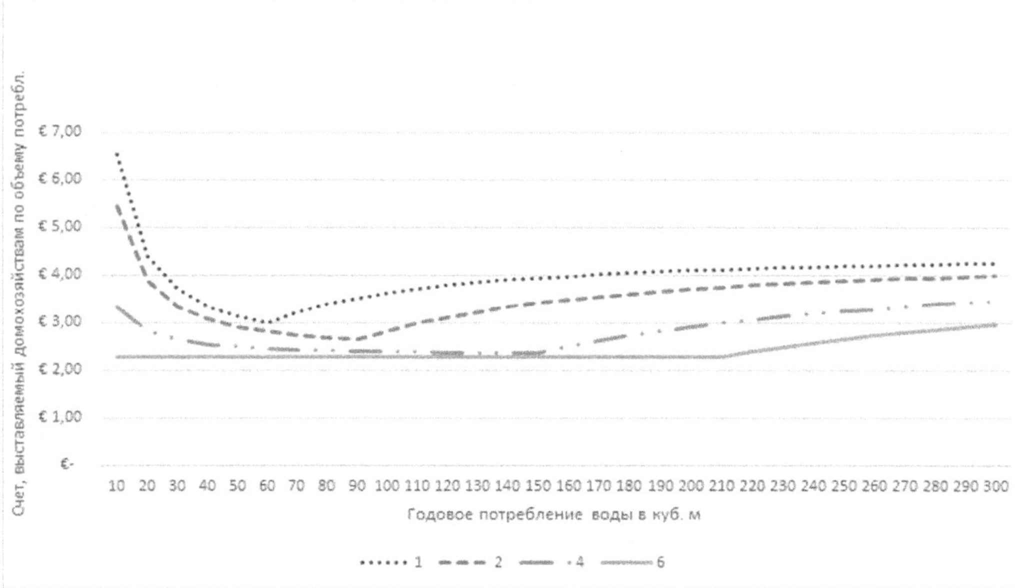

Источник: https://www.farys.be/nl/watertarieven

На интуитивном уровне такая концепция выглядит заманчиво: в ней учитываются интересы бедных категорий граждан, дополнительно предоставляются природоохранные стимулы и поддерживается уровень покрытия затрат.

Фландрия является примером того, как высокоразвитая система социальной поддержки реализуется через тарифы. Регулятор оказывает большое воздействие на социальную политику, определяя размер блоков (объем услуг) и относительную дифференциацию тарифов. Тариф во Фландрии состоит из двух блоков: ниже и выше 30 м^3 на домохозяйство в год. Ставка тарифа в первом блоке должна быть вполовину ниже ставки тарифа во втором блоке. Регулятор также определяет размер ставок социальных тарифов и условия их предоставления: на настоящий момент их размер составляет одну пятую от обычных фиксированных и переменных компонентов тарифа.[1]

Однако, использование системы двухблочных тарифов повышает административную нагрузку на предприятия ВСиВО. Для правильного применения тарифов предприятиям необходимо вести учет состава каждого домохозяйства и поддерживать информационно-технологические системы. Расходы на ВСиВО составляют 1–2 % от общих расходов домохозяйств, т.е. эти услуги являются вполне доступными по международным стандартам. Сложно оценить, насколько хорошо действующая система поддерживает доступность услуг ВСиВО для бедных категорий граждан. Очевидно, ориентированность блоков на потребление воды на душу населения парирует самые убедительные доводы против блочных тарифов с повышающейся ставкой тарифа. Однако мало известно о том, насколько более эффективно действующие величины блоков и ставок тарифа поддерживают доступность услуг по сравнению, например, с единым волюметрическим тарифом. Размеры блоков не были скорректированы в свете последних данных обновленной статистики бедности. Величина блоков и структура тарифа легко становятся оплотом корыстных интересов.

Такой тип перераспределения бремени покрытия затрат с помощью тарифов возможен только внутри каждой из зон обслуживания, в пределах которой небольшие потребители услуг ВСиВО и потребители, нуждающиеся в социальной помощи, перекрестно субсидируются остальными потребителями услуг. Для оптимального функционирования такой системы социальной поддержки необходимо наличие следующих трех факторов:

- средние ставки тарифов должны быть схожими в каждой из зон обслуживания (во Фландрии их девять – *прим. ред.*);
- распределение доходов внутри зон обслуживания должно быть схожим;
- доход на душу населения в зонах обслуживания должен быть схожим.

Отклонения от этих условий приводят к нарушениям распределения выгод, которые сложно оценить. Предполагая, что во Фландрии все эти условия удовлетворены в достаточной мере, все же можно задаться вопросом, превосходят ли социальные выгоды от повышенной доступности услуг экономические затраты, связанные с увеличившейся административной нагрузкой на предприятия ВСиВО. В конечном счете, это вопрос политический. В любом случае в Молдове разница между обеспеченными и малообеспеченными категориями граждан при сравнении разных (имеющихся на настоящий момент) зон обслуживания существенно б***о***льшая, чем внутри отдельной зоны. Для повышения доступности услуг некоторые (бедные) муниципалитеты вынуждены будут весьма существенно перераспределять через тарифы бремя покрытия затрат. Другие же (более богатые) муниципалитеты едва будут испытывать потребность в перекрестном субсидировании для достижения базовой доступности услуг для бедных категорий граждан. Блочные тарифы с повышающейся ставкой тарифа, вне зависимости от размеров блоков, остаются негибким и неточным способом достижения доступности услуг. Многие люди пользуются выгодами от такой системы, но также многие люди вкладывает в нее свои денежные ресурсы. Предприятиям и регуляторам сектора становится сложнее прогнозировать доходы и покрытие расходов при помощи тарифов. Кроме того, высокоразвитая система блочных тарифов с повышающейся ставкой тарифа возлагает серьезную административную нагрузку на предприятия ВСиВО, на их систему выставления счетов.

По этим причинам неясно, насколько эффективны блочные тарифы с повышающейся ставкой и двухблочная структура таких тарифов во Фландрии, и насколько эффективными они могли бы быть в случае их применения в Молдове.

Нидерланды

В середине 1970-ых годов Нидерланды посчитали, что сектору коммунального водоснабжения не хватало *экономии от масштаба* для эффективного оказания услуг в будущем. В 1975 году были принят Закон «О водоснабжении», запустивший процесс регионализации, в результате которого было создано десять действующих на настоящий момент поставщиков услуг питьевого водоснабжения. Они являются зарегистрированными публичными компаниями и находятся в полной собственности муниципалитетов и провинций.

Сети водоотведения остаются в сфере ответственности муниципалитетов. Их финансирование осуществляется за счет поступлений от особых муниципальных сборов.

Ответственными за очистку сточных вод и управление водными ресурсами остаются демократически избираемые Водные советы/Советы по водным ресурсам, которые являются юридическими лицами. Первый такой Совет был учрежден в 1255 году. Сегодня на региональном уровне действуют 23 таких Совета.

Изначально причиной регионализации была потребность в эффективной деятельности предприятий, однако регионализация также обеспечила доступность услуг в менее густонаселенных местностях (см. Таблица 3.4).

Таблица 3.4. Соотношение размера агломерации с затратами регионального оператора (РО) на предоставление услуг ВСиВО

Эквивалент численности населения (ЭЧН)	Капитальные затраты РО. (евро/ЭЧН)	Годовой объем эксплуатационных затрат РО (евро/ЭЧН)
5	1 980	90
10	1 390	70
25	1 000	64,10
50	850	64
100	730	63,10
250	640	53,70
500	610	47,60
1 000	600	42,20
2 500	460	36
5 000	390	31,90
10 000	350	28,20
50 000	230	18,10
100 000	180	14,20

Источник: (EAP Task Force, 2013[6]), *Business Models for Rural Sanitation in Moldova (ОЭСР СРГ ПДООС (2013), «Устойчивые бизнес-модели для сельского водоотведения в Молдове»).*

Если бы всем агломерациям с эквивалентом численности населения до 1000 человек необходимо было бы возмещать затраты на предоставление услуг ВСиВО через тариф, то ставки тарифов должны были бы быть втрое выше ставок в крупных городских агломерациях - при том, что доходы населения в сельской местности обычно ниже, чем в городах. Регионализация деятельности предприятий ВСиВО и гармонизация тарифов в каждой зоне обслуживания помогают решить эту проблему. При помощи единого тарифа потребители с высокими доходами и низкими удельными затратами на предоставление им услуг ВСиВО, перекрестно субсидируют сельское население с низкими доходами и более высокими удельными затратами.

В Нидерландах, муниципалитеты собирают следующие сборы:

- сбор за обслуживание сетей водоотведения для покрытия затрат муниципалитетов на водоотведение. Данный сбор может рассчитываться на основе потребленного объема питьевой воды, стоимости жилья или числа жителей.
- сборы за очистку сточных вод и загрязнение окружающей среды; счета выставляются Советами по водным ресурсам. Размер сбора рассчитывается не за потребленный объем воды, определенный по показаниям счетчиков-водомеров, а по тарифам, дифференцированным для трех категорий

домохозяйств: состоящих из одного человека; состоящих из двух человек; и домохозяйств, состоящих из трех и более человек.

- земельных участков; счета также выставляются Советами по водным ресурсам, поступления от них идут на управление водными ресурсами. Сбор должен оплачивать основной собственник, проживающий в доме или квартире (или на земельном участке), имеющей водопровод, при этом размер сбора зависит от стоимости жилья (или от размера земельного участка, в гектарах).

Как видно из вышеприведенной информации, эти сборы, в целом, идут на покрытие постоянных затрат на предоставление услуг ВСиВО, и могут рассматриваться как регрессивные квази-налоги.

В отношении мер социальной поддержки на получение услуг ВСиВО, муниципалитеты в Нидерландах частично или полностью освобождают от уплаты сборов (исключительно) бедные категории граждан. Освобождение от оплаты только фиксированных компонентов счета за услуги ВСиВО не влияет на стимулы к экономии питьевой воды.

Система предоставления услуг ВСиВО в Нидерландах сложна и представляется фрагментированной. В силу давней и сильной традиции и культуры координации между различными органами, система способна предоставлять высококачественные и надежные услуги. Регионализация услуг обеспечила сектор автоматическим механизмом перекрестного субсидирования, запуск которого в иных условиях был бы невозможен. Более того, имеется децентрализованная система предоставления адресной социальной помощи посредством освобождения бедных категорий граждан от уплаты фиксированных сборов.

Как эффект регионализации, так и устройство системы предоставления мер социальной поддержки в секторе ВСиВО являются интересными примерами, из которых Молдова может извлечь уроки. Как и в Чили, эффективное перекрестное субсидирование, возникающее благодаря регионализации, может иметь такое же важное значение, как и специальные меры адресной социальной поддержки по оплате услуг ВСиВО. Но, тогда как перекрестное субсидирование практически необратимо и имеет общий характер, муниципальные меры адресной социальной поддержки имеют четкую нацеленность и гибки в отношении объема перераспределяемых затрат.

Если примеру Нидерландов последуют операторы, а не муниципалитеты, то необходимо будет провести разделение между выработкой отраслевой политики и ее исполнением. Возможно, это приведет к дополнительным затратам и нагрузке, связанной с координацией, но при этом сохранится гибкость критериев и автономность муниципалитетов при определении необходимой степени солидарности общества в секторе ВСиВО.

Казахстан

До недавнего времени Казахстан рассматривал экономическое регулирование сектора ВСиВО в «антимонопольной» перспективе. Несмотря на то, что Комитет по регулированию естественных монополий, защите конкуренции и прав потребителей Министерства национальной экономики Республики Казахстан (КРЕМЗКиПП МНЭ РК) является государственным ведомством, Комитет представляет собой крупную организацию с множеством региональных отделений. В сферу компетенций

Комитета также входят осуществление мониторинга промышленного сектора и вмешательство в его деятельность в соответствии с Законом «О конкуренции». Целью Комитета является контроль – если ни предупреждение – доминирования в отрасли. Операторы ВСиВО, являющиеся естественными монополиями, – доминирующие участники в своем секторе по определению.

Операторы ВСиВО направляют заявки на утверждение тарифов в КРЕМЗКиПП. Тарифные заявки составляются на основании методики, утвержденной КРЕМЗКиПП. Здесь наблюдается ряд совпадений с ситуацией в Молдове. Процесс подачи заявок занимает много времени: необходимо предоставить множество данных, и сама методика в некоторых отношениях двусмысленна; методика и то, как она применяется, оказывает большую административную нагрузку на операторов ВСиВО.

В рамках широкомасштабной программы реформирования экономики Правительство Казахстана также намерено реформировать процедуру утверждения тарифов и нормативно-правовую базу для операторов ВСиВО, централизованного теплоснабжения, морских портов и аэропортов. Интересным аспектом в этом процессе является тесное сотрудничество с Европейским банком реконструкции и развития (ЕБРР). На основании запроса Правительства ЕБРР способствовал или способствует осуществлению ряда проектов предоставления технической помощи для оказания содействия данному процессу реформирования. Техническая помощь предоставляется на общесекторальном уровне с учетом комплексного реформирования экономического регулирования, а также на уровне отдельных секторов: водоснабжения, теплоснабжения, электроснабжения, морских портов и аэропортов.

В отношении сектора ВСиВО техническая помощь предусматривает разработку новой тарифной политики, подробной методики и опробование такой методики на пилотном предприятии ВСиВО.

Был запущен отдельный проект по разработке и опробованию мер социальной поддержки. Чаще всего социальная поддержка осуществляется через систему жилищных субсидий, как в Российской Федерации или Украине. Эти системы пытаются привязать расходы домохозяйств на оплату коммунальных услуг к максимально допустимой доле расходов от их общих доходов и основаны на сложной процедуре возмещения таких расходов. Для продолжения получения этих выплат необходимо постоянное документальное подтверждение своей ситуации. Более того, требуется предоставлять доказательства того, что суммы, которые не покрывает система жилищных субсидий, оплачиваются бенефициаром предприятиям, предоставляющим жилищно-коммунальные услуги. В Казахстане система критериев получения и расчета ставок субсидий сложна и дорогостояща с точки зрения административных затрат как для бенефициара, так и для учреждения, предоставляющего субсидию. Во всяком случае, Казахстан пытается оптимизировать механизм предоставления мер социальной поддержки, а может даже и полностью перенять его (OECD, 2016[7]).

В отношении реформирования СЭР сектора ВСиВО Правительство Казахстана будет продолжать регулировать сектор – также как и другие сектора – на общей нормативно-правовой основе. Отраслевые нормативные документы близки или схожи с нормативными документами сектора теплоснабжения. К этим секторам на настоящий момент применяется единый подход, поскольку они, конечно, требуют регулирования, учитывая их статус естественной монополии, однако такой подход кажется более приемлемым, чем сугубо антимонопольная позиция.

С технической точки зрения реформирование приведет к применению регулируемой базы инвестированного (вложенного) капитала (RAB) и средневзвешенной стоимости капитала (СВСК) регулируемой организации, которые лучше подходят к ситуации. Оба понятия определяют значительный компонент обоснованных затрат. RAB определяет размер амортизационных начислений, которые могут учитываться при расчете тарифа. СВСК определяет стоимость капитала (учитываемого в RAB) и, следовательно, объем денежных средств для осуществления инвестиций, который предприятие может закладывать в тариф.

Реформы, скорее всего, приведут к созданию регулятора, более ориентированного на деловую деятельность и производительность, чем основывающегося на иногда не совсем подходящих нормах и двусмысленных стандартах. Будущий экономический регулятор, вероятней всего, будет более экономным, более ориентированным на бизнес-план и ключевые показатели деятельности регулируемых организаций. Также, скорее всего, он сфокусируется на стимулировании повышения эффективности деятельности предприятий в течение продолжительного времени. Кроме того, он будет лучше осведомлен о воздействии осуществляемого им регулирования и административной нагрузке на регулируемые им предприятия. Можно предположить, что вовлеченность ЕБРР будет способствовать разработке новой нормативно-правовой базы, содействующей привлечению внешнего финансирования в сектор, которому на настоящий момент не хватает кредитоспособности.

Новая нормативная правовая база будет скорее учитывать интересы кредиторов, чем кратковременные интересы потребителей, заключающиеся в низких тарифах. На настоящий момент ставки тарифов в Казахстане в целом вполовину ниже, чем в Молдове, хотя множество областей Казахстана испытывают не меньшую нехватку воды, чем в Молдове. В долгосрочной перспективе, однако, как бедные, так и состоятельные потребители выиграют от восстановленных и расширенных сетей ВСиВО, очистки сточных вод, более эффективного обслуживания клиентов и т. д. Для этого требуется, чтобы СЭР также учитывала финансирование сектора ВСиВО.

Однако Казахстан ни в коем случае не является единственным примером разработки СЭР при сотрудничестве с международными финансовыми организациями. В Румынии ЕБРР также играл активную роль на протяжении многих лет. Казахстан был выбран в качестве соответствующего примера, поскольку исходное состояние его СЭР имеет ряд схожих моментов с СЭР в Молдове, а также поскольку Казахстан тоже является бывшей республикой Советского Союза. Организация проведения реформы СЭР в Казахстане может воодушевить Молдову, которая только приступает к этому процессу. Данный пример показывает, как в 2017 году страна со схожими вызовами может проходить через процесс реформирования.

Примечание

[1] См. https://www.vmm.be/wetgeving/algemeen-waterverkoopreglement.pdf

Ссылки

Berg, S. et al. (2013), "Best practices in regulating State-owned and municipal water utilities", http://repositorio.cepal.org/bitstream/handle/11362/4079/S2013252_en.pdf?sequence=1. [8]

EAP Task Force (2013), *Business Models for Rural Sanitation in Moldova*, https://www.oecd.org/environment/outreach/Business%20models%20for%20rural%20sanitation%20in%20Moldova_ENG%20web.pdf. [6]

OECD (2017), *Improving Domestic Financial Support Mechanisms in Moldova's Water and Sanitation Sector*, OECD Studies on Water, OECD Publishing, Paris, http://dx.doi.org/10.1787/9789264252202-en. [4]

OECD (2016), *OECD Council Recommendation on Water*, https://www.oecd.org/environment/resources/Council-Recommendation-on-water.pdf. [7]

OECD (2015), *The Governance of Water Regulators*, OECD Publishing, http://dx.doi.org/10.1787/9789264231092-en. [2]

Programme, U. (ed.) (2015), *Human Development Report 2015: Work for Human Development*, Communications Development Incorporated, Washington DC, http://dx.doi.org/978-92-1-057615-4. [5]

Rouse, M. (2007), *Institutional Governance and Regulation of Water Services | IWA Publishing*, IWA, London, https://www.iwapublishing.com/books/9781843391340/institutional-governance-and-regulation-water-services. [1]

Trémolet, S. and C. Hunt (2006), "Water Supply and Sanitation Working Notes TAKING ACCOUNT OF THE POOR IN WATER SECTOR REGULATION", http://regulationbodyofknowledge.org/wp-content/uploads/2013/03/Tremolet_Taking_into_Account.pdf. [3]

4. Рекомендации и выводы

В настоящей главе приводится ряд рекомендаций по созданию надежной системы экономического регулирования сектора водоснабжения и водоотведения в Республике Молдова. Они основаны на анализе, приведенном в предыдущих главах настоящего отчета, и учитывают выводы, сделанные на совещании на уровне экспертов и заседании Координационного совета Национального диалога о водной политике (НДВП) в ноябре 2016 года. В главе приведен ориентировочный план выполнения рекомендаций со ссылкой на приложения для более подробной информации. Наконец, приводится целый ряд рекомендаций, касающихся институционального устройства, содействия повышению эффективности деятельности, регионализации, бизнес-моделей, тарифов, использования экономических инструментов, доступа к финансированию и мер социальной поддержки. В конце главы обсуждается рамочный план выполнения предложенных рекомендаций.

Цели реформирования и ведущее учреждение

Было сформулировано семь целей в отношении системы экономического регулирования (СЭР) сектора водоснабжения и водоотведения (ВСиВО):

1. Тариф (структура и уровень), стимулирующий более эффективную деятельность.
2. Более решительная регионализация услуг ВСиВО.
3. Внедрение устойчивых бизнес-моделей, особенно для регионализованных услуг ВСиВО.
4. Оптимальное сочетание тарифов, налогов и трансфертов (ТНТ), основывающееся на обновленной национальной Стратегии водоснабжения и санитации (водоотведения).
5. Более эффективное использование экономических инструментов для достижения целей отраслевой политики сектора ВСиВО.
6. Более широкое использование внешнего финансирования для сокращения прогнозируемого дефицита финансирования.
7. Меры адресной социальной поддержки в получении услуг ВСиВО.

Рисунок 4.1 на следующей странице предоставляет более подробную информацию о том, что может быть связано с данными целями. Согласие с ними всех заинтересованных сторон откроет возможность для выполнения 20 рекомендаций по проведению комплексной реформы, благодаря выполнению которой через несколько лет оценка СЭР кардинально бы отличалась от оценки, приведенной в разделе 2.5. В каждом из следующих подразделов подробно предоставлены отдельные рекомендации. В разделе 4.1 приводятся сводные таблицы и ориентировочный рамочный план выполнения рекомендаций. После принятия пакета инструментов для проведения реформы необходимо будет разработать более подробный план управления процессом.

Рекомендация 1. Восстановить Комиссию по ВСиВО для проведения и управления реформой.

Восстановление Комиссии по ВСиВО является ключевым для содействия прогрессу в достижении каждой из поставленных целей и выполнении рекомендаций. К настоящему моменту отсутствие координации отраслевой политики, осуществляемой на высоком уровне, является основным препятствием к разработке и проведению политики. Восстановление Комиссии по ВСиВО не гарантирует надлежащей координации – она является всего лишь инструментом. Если у Комиссии будет иметься широкий мандат с высоким уровнем автономности, ее деятельность может быть эффективной. Комиссия по ВСиВО рассматривается как движущая сила и ключевой инструмент реформирования СЭР. Комиссия собиралась бы так часто, как это было бы необходимо, и официально действовала бы под председательством премьер-министра. На практике Комиссия управлялась бы одним или несколькими профессионалами в сфере ВСиВО, не имеющих отношения к министерствам и явных политических предпочтений. Комиссия по ВСиВО может обеспечить лучшую координацию сектора, поскольку имеет больше рычагов давления на различные институты, чем Министерство окружающей среды. Одновременно Комиссия осуществляла бы мониторинг деятельности Министерства окружающей среды и других институтов, чтобы быть уверенной в том, что согласованные меры реформирования водного сектора действительно внедряются. Помимо других задач, Комиссия по ВСиВО также могла бы продолжить склонять к пересмотру строительных норм и правил, применяемых при реализации инфраструктурных проектов в секторе ВСиВО.

Рисунок 4.1. Цели и связанные с ними задачи

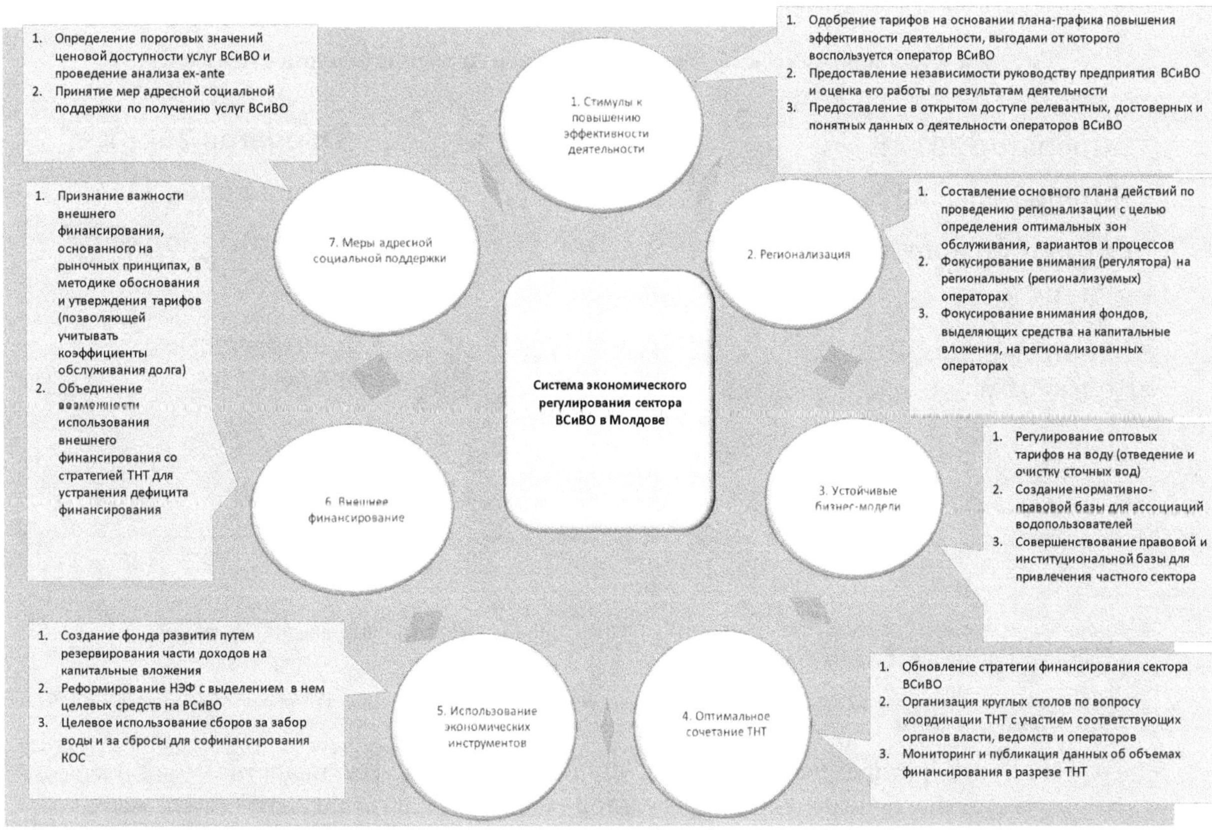

Примечание: Собственная разработка автора.

Предоставление стимулов к повышению эффективности деятельности

Роль экономического регулятора

В разделе 2.3 настоящего отчета отмечено несколько проблемных моментов, имеющихся в методике обоснования и утверждения тарифов, а также в ее применении экономическим регулятором. Сложность процесса установления тарифов отодвигает на второй план саму цель установления тарифов, т.е. обеспечение стимулов для эффективного и экономного использования ресурсов как оператором, так и потребителями.

Рекомендация 2. Признать независимый статус экономического регулятора в соответствии с передовой международной практикой.

Экономический регулятор должен рассматриваться как посредник в центре игры с положительной суммой, в которой как потребитель, так и оператор могут выиграть от выгод, связанных с более эффективной деятельностью, в будущем. У независимого экономического регулятора имеется некоторая степень свободы в распределении стимулов. Он может предоставить стимулы как для потребителей – экономнее потреблять воду, так и для операторов ВСиВО – работать более эффективно. Необходим справедливый баланс в применении таких стимулов. Данная концепция представлена на следующем рисунке (Рисунок 4.2). Оператор ВСиВО, исходя из своей текущей ситуации, повышает эффективность своей деятельности, руководствуясь бизнес-планом, а регулятор проверяет, являются ли запланированные действия финансово приемлемыми и осуществимыми.

Рисунок 4.2. Экономический регулятор как центр распределения стимулов

Примечание: * - тарифная выручка «по кассе» к начисленной выручке (по выставленным счетам)
Источник: Собственная разработка автора.

Роль бизнес-плана

То как будут распределены выгоды от повышения эффективности – вопрос второстепенный. В перспективе регулятор может сделать так, чтобы от всех полученных выгод выиграл потребитель, предоставив ему более низкие тарифы, расширенный доступ к услугам или более качественные услуги. Но сначала нужно повысить эффективность деятельности предприятий ВСиВО. Как только это произойдет, достигнутый уровень станет отправной точкой для нового цикла регулирования. Со временем все выгоды от повышения эффективности можно будет использовать на благо потребителей. Для повышения эффективности своей деятельности операторам ВСиВО необходима финансовая поддержка и автономность. Время от времени потребуются инвестиции, которые смогут окупиться только со временем. Грамотные руководители будут идти к поставленной цели быстрее и более творчески подходить к процессу, чем их менее компетентные коллеги. Таким образом, для оценки потенциала повышения эффективности деятельности требуется скорее деловой, чем финансовый опыт, а сам процесс является скорее искусством, чем наукой.

Поэтому для регулятора бизнес-план (или эквивалентный документ, как, например, корпоративная стратегия, программа повышения эффективности финансовой и эксплуатационной деятельности или план действий) является основным документом. Отсутствие бизнес-плана – намек на то, что у оператора отсутствует цель или он ведет «бизнес как обычно». Четко поставленные задачи и понятные планы отличают операторов, развивающих свой бизнес. Как только регулятор возьмет на себя эту обязанность, ему понадобится потенциал для оценки бизнес-планов операторов и осуществления действий на основании полученной информации. Например, регулятор может публиковать данные о деятельности операторов и использовать таким образом инструмент «давления со стороны заинтересованных лиц».

Рекомендация 3. Запрашивать бизнес-планы у операторов ВСиВО и проводить их анализ.

Как муниципалитеты, так и экономический регулятор могут запрашивать бизнес-планы у операторов ВСиВО и проводить их анализ.

От более крупных операторов ВСиВО можно ожидать более подробных и качественно составленных бизнес-планов. Небольшим операторам, возможно, потребуется образец (шаблон) упрощенного бизнес-плана. Такой образец (шаблон) можно будет легко заполнить, и он позволит быстрее сориентироваться руководителям, возможно, не имеющим опыта в данном отношении.

Рекомендация 4. Предоставить образцы (шаблоны) бизнес-плана и финансовой модели в MS Excel для прогнозирования.

Регулятор должен предоставить образцы (шаблоны) бизнес-плана и финансовой модели в MS Excel для прогнозирования (своего финансового положения в будущем – *прим.ред.*). Примеры таких шаблонов бизнес-плана и финансовой модели приведены в приложении (Приложение В). Отметим, что компьютеризированный **Инструмент финансового планирования для водоканалов**, разработанный ОЭСР, мог бы использоваться для поддержки бизнес-планирования с целью прогнозирования финансово-экономических показателей оператора.

Разница в показаниях счетчиков

В контексте городского водоснабжения основное беспокойство у потребителей вызывают существенные «расхождения в измерениях» потребленного объема воды (см. раздел 4.3), т. е. разница между измеренным объемом воды «на вводе в дом» – точке подачи воды во внутридомовую водопроводную сеть многоквартирного дома, и суммарным объемом воды, измеренным счетчиками-водомерами, установленными в отдельных квартирах такого дома. Учет объема потребленной в доме воды должен и дальше производиться «на вводе в дом». Это правило распространяется как на частные дома на одну семью, так и на многоквартирные дома. Нет необходимости вносить изменения в договоры с конечными потребителями в отношении того, как эти потери воды (разница между объемом воды, поставленной в дом и потребленной каждым абонентом) распределяются между ними.

Теоретически можно было бы попросить оператора ВСиВО проверить внутреннюю водопроводную сеть здания, однако эта услуга не была бы бесплатной. Она не относится к услугам, предоставляемым естественной монополией, и обычно не подлежит регулированию; для этого вполне могут быть привлечены третьи лица. Если предоставление такой услуги было бы заложено в общий тариф, то крайне сложно было бы установить адекватную цену за предоставление такой услуги, а также контролировать ее предоставление. Однако, этот подход используется в действующей методике обоснования и утверждения тарифов Республики Молдова (далее – Молдова).

Рекомендация 5: Предоставить стимулы к устранению утечек на внутридомовых сетях силами собственников жилья.

У собственников жилья должны иметься стимулы к устранению утечек на внутридомовых сетях. Это предполагает расчет и применение единого тарифа за один кубический метр поставленной воды в любой тип жилого дома (индивидуальный дом или кондоминиум). Потребуются разработка, обсуждение и принятие нормативных документов относительно способа взимания и правила распределения разницы показаний общедомового счетчика и суммы показаний квартирных счётчиков между владельцами квартир в этом доме, заключившими отдельные договоры на предоставление услуг ВСиВО (т.е. между конечными потребителями):

- Счет за разницу между объемами воды поставленной в дом и потребленной по показаниям поквартирных счётчиков может выставляться оператором ВСиВО управляющей компании.
- Сумма к оплате за указанную разницу может значиться отдельной дополнительной строкой в счете за предоставленные услуги водоснабжения, напрямую выставляемом собственникам жилья, в соответствии с определенным правилом распределения бремени оплаты общедомовых (физических (утечки) и коммерческих – *прим. ред.)* потерь воды между ними, которое может меняться в зависимости от обстоятельств (см. раздел 4.3); или, при необходимости, устанавливаться экономическим регулятором.

Основополагающим принципом должно являться выставление счета за все кубические метры воды, поставленные объекту права частной собственности.

Кто должен платить за разницу?

Потребители, проживающие в кондоминиумах, прежде всего озадачены вопросом, касающимся величины «разницы в показаниях счетчиков» и тем, как им придется ее компенсировать. В отношении городского водоснабжения б**о**льший объем воды поставляется в многоквартирные дома или кондоминиумы.

Что представляет собой разница в показаниях счетчиков?

Разница в показаниях счетчиков имеет место, когда объем воды, поставленный в многоквартирный дом, превышает суммарный объем воды, за который собственникам отдельных квартир выставлены счета. Такие счета могут рассчитываться на основании объема воды, измеренного счетчиками-водомерами, или норм потребления в случае отсутствия счетчика.

Отдельные кондоминиумы являются частной собственностью, тогда как здание находится в коллективной собственности. Таким образом, управление и владение разделены. Управление осуществляется рядом организаций, таких как муниципальные управляющие компании, ассоциации, частные предприятия и т. д.

Законодательство в отношении зданий, находящихся в коллективной собственности, и учреждения, имеющие к этому отношение, должны обеспечивать надлежащее управление и техническое обслуживание таких зданий. Но очень часто то, что относится к коллективной собственности, не обслуживается должным образом и в результате ветшает. Сюда относятся и внутридомовые сети водоснабжения и водоотведения.

С точки зрения поставщиков услуг ВСиВО точкой подачи воды является «ввод в дом» - точка присоединения внешних сетей ко внутренней системе водоснабжения здания (объекта). Что будет происходить дальше с объемом и качеством поставленной воды – ответственность собственников объекта частной собственности. От операторов ВСиВО может потребоваться оказать содействие измерению потребляемых объемов воды при помощи счетчиков-водомеров. Однако, учитывая особенности (топологию) внутридомовой разводящей сети, для измерения потребляемых объемов воды в отдельных квартирах часто требуется установка более чем одного счетчика-водомера.

В конечном счете операторы ВСиВО должны иметь право на получение платы за весь объем воды, поставленный объекту частной собственности, и, следовательно, за предоставленную в этой связи услугу водоснабжения.

Каковы причины возникновения разницы в показаниях счетчиков?

Существует целый ряд возможных причин. Могут иметься утечки через трещины и прорехи в трубах, или в местах соединения труб внутридомовой сети, находящейся в коллективной собственности. Счетчики-водомеры, установленные в отдельных квартирах, могут быть старыми или плохого качества (с низкими метрологическими характеристиками, допускающими «обратный ход» и т.п. – *прим. ред.*) и, таким образом, занижать показания. Такие счетчики могут не регистрировать проходящий через них небольшой постоянный ток воды, например, при небольших утечках воды. Со счетчиком могли быть произведены манипуляции, или водой могли пользоваться в обход счетчика. Теоретически также может иметь место неточное измерение объема воды на вводе в многоквартирный дом. Абоненты, в квартирах которых не установлены счетчики-водомеры, могут потреблять воду свыше установленной *нормы потребления*, по которой им выставляются счета. Все эти ситуации с б**о**льшей вероятностью могут возникнуть в более старых и менее хорошо обслуживаемых зданиях, чем в новых современных многоквартирных домах.

Одним из решений является выставление счета за любую разницу в показаниях счетчиков напрямую кондоминиуму или управляющей компании многоквартирного дома. Управляющая компания в свою очередь могла бы оплатить счет и затем потребовать компенсацию с собственников квартир. Такая практика существует в отношении электроэнергии, используемой в помещениях, находящихся в коллективной собственности, например, для их освещения, работы лифтов, а также в отношении уборки и технического обслуживания таких помещений.

Также от операторов может потребоваться разработка современных систем распределения между собственниками квартир любой разницы в показаниях счетчиков, в соответствии с определенным правилом распределения бремени оплаты общедомовых потерь воды между абонентами. Таким образом собственникам отдельных квартир будут выставляться счета за потребленный объем воды по двум видам услуг:

a. за пользование услугами ВСиВО непосредственно в конкретной квартире;

b. справедливую долю предоставленных услуг ВСиВО в помещениях, находящихся в коллективной собственности (пропорционально объема воды, потребленной непосредственно каждой квартирой, или площади квартиры, или числу проживающих в квартире лиц и т. д.).

На настоящий момент в Кишиневе, например, потребители платят за второй вид услуг пропорционально непосредственно потребленного ими объема воды. Это приводит к фрустрациям, поскольку добросовестные потребители должны платить как за полный объем потребленной ими воды, так и к тому же за непропорциональную долю объема воды, возникшего из-за разницы в показаниях счетчиков.

Может ли заключение индивидуальных договоров разрешить ситуацию?

Выставление счетов, вопросы собственности и предоставление услуг – разные понятия. На настоящий момент счета выставляются отдельным потребителям (абонентам) на основании коллективных договоров. Переход к индивидуальным договорам, где это возможно, может являться желательным развитием ситуации, но это не решит проблему разницы в показаниях счетчиков (общедомового и поквартирных – *прим. ред.*). Даже в случае заключения индивидуальных договоров с собственниками квартир услуга все-равно будет предоставляться объекту частной собственности и измеряться по показаниям общедомового водомера.

Каковы последствия расширения границ ответственности за поставку воды до квартир?

У операторов ВСиВО не имеется правового, эксплуатационного, кадрового и финансового потенциала для того, чтобы взять на себя ответственность за состояние внутридомовой сети ВСиВО. Другим вопросом является нахождение новой точки подачи воды. Ответственность за потери воды и связанные с этим затраты на настоящий момент относятся к уровню управления многоквартирным домом, хотя и признано, что компании, управляющие многоквартирными домами, не всегда исполняют свои обязательства в данной области. Множество вопросов связано с доступом к сетям, измерению объемов поставленной воды, техническому обслуживанию и т. д. Однако возложить ответственность на оператора ВСиВО за состояние внутридомовых сетей означало бы только усугубить проблему. На практике никто не будет нести ответственность, и все будут расплачиваться за это. Таким образом, лучше поддерживать серьезные стимулы для многоквартирных домов к улучшению внутренней организации, технического обслуживания внутридомовых сетей и измерения объемов воды, а также к выявлению случаев недобросовестного поведения.

Каковы последствия возложения полной ответственности за состояние внутридомовых сетей ВСиВО на собственников объекта коллективной собственности?

В случае если сообщество кондоминиума решит снизить потери воды, поскольку выгоды будут превосходить связанные с этим затраты, оно может предпринять следующее:

1. Создать необходимую структуру для принятия коллективных решений. Может потребоваться создание системы авторизации (утверждения) решений, представительства, совета или других структур.

2. Привлечь финансирование: собственные средства, заемные средства или грант. Финансирование можно привлекать как в коллективном, так и индивидуальном порядке с последующим внесением средств в общий фонд.

3. Назначить кого-либо для осуществления технического обслуживания и/или замены счетчиков-водомеров. Этим может заниматься как оператор ВСиВО, так и любое третье лицо, обладающее соответствующей квалификацией.
4. Пожинать плоды от меньшего объема потерь воды, за которые нужно платить.

При поднятии ставок тарифа выгоды все больше будут превосходить затраты. Однако вызовами остаются создание органа и процедуры принятия решений, доступ к финансированию и администрирование. Органы государственной власти могут оказать поддержку этому процессу, предоставив образцы документов. Муниципалитеты могут предоставить поддержку, организовав информационные стойки и предоставив схемы получения грантов. Местные финансовые институты могут подать заявки в международные финансовые институты на открытие особых кредитных линий для финансирования проектов, нацеленных на сбережение воды и энергии (в жилых домах – *прим.ред.*).

Принятие таких мер будет иметь смысл только при следующих условиях:

1. Услуга водоснабжения будет оплачиваться по полной стоимости.
2. Счета многоквартирным домас будут выставляться за полный объем поставленной воды.
3. Платежи будут обязательными к исполнению.

Подобное изменение подхода, связанное с тремя предыдущими рекомендациями, явно несовместимо с действующей методикой обоснования и утверждения тарифов. Слишком большая часть методики уже определена Законом № 303 «О публичной услуге водоснабжения и канализации», что не является желательным решением.

Рекомендация 6: Внести поправки в Закон № 303, сведя его к принципам установления тарифов, а затем проработать эти принципы в новой методике обоснования и утверждения тарифов.

Такой подход будет способствовать б*о*льшей степени гибкости и свободы независимого экономического регулятора, целью которого должно стать фокусирование внимания на динамике изменений (см. Рисунок 4.3).

Рисунок 4.3. Динамический подход к установлению тарифов

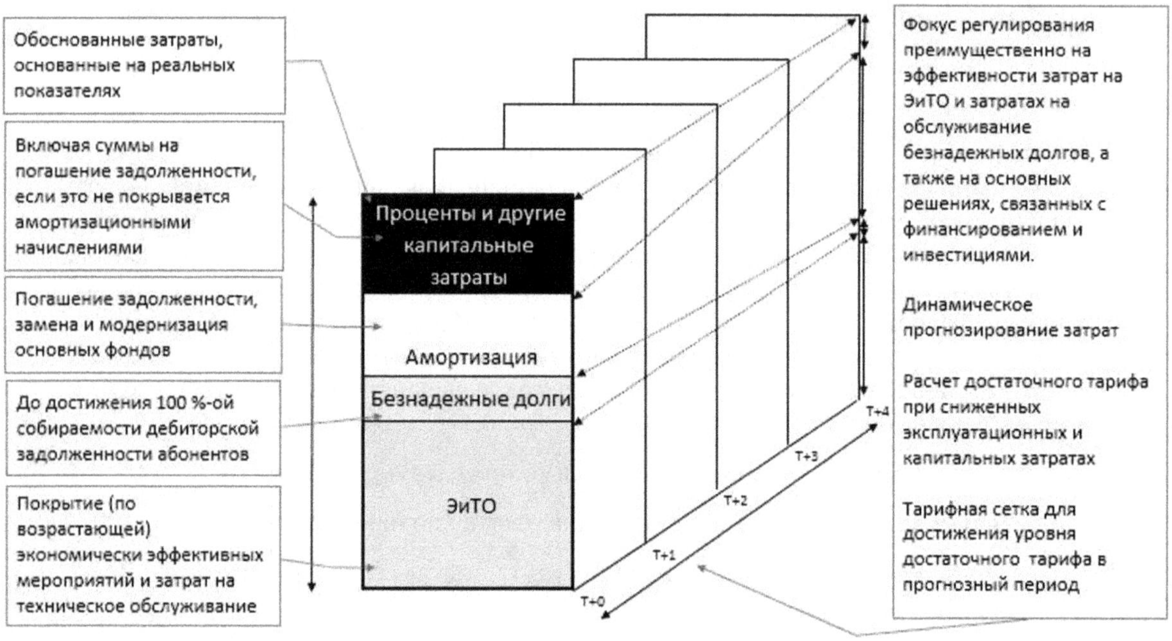

Источник: Собственная разработка автора.

Рекомендация 7: Принять методику динамического установления тарифов.

Динамическое установление тарифов позволило бы покрыть будущие эксплуатационные и капитальные затраты и рассчитать требуемый достаточный тариф, то есть величину тарифа, который позволил бы покрыть расходы в течение прогнозного периода. Ставка тарифа может постепенно расти, чтобы в целом достигнуть уровня достаточного тарифа, определенного на прогнозный период. Такой подход идет в разрез со статическим методом расчета тарифной базы и предвосхищает будущее развитие, включая регионализацию услуг ВСиВО и будущие инвестиции. Такая методика предусматривает переходные периоды в процессе повышения производительности труда персонала, более эффективного использования электроэнергии и уменьшения объема воды, не приносящей дохода. На настоящий момент связанные с этим затраты могут быть включены только в базовые затраты, по причине чего требования, предъявляемые к предприятиям в отношении повышения эффективности деятельности, часто оторваны от реальности или к ним вообще не предъявляется никаких требований. Первое часто имеет место в отношении объемов воды, не приносящей дохода, второе – в отношении производительности труда персонала.

Тем временем, однако, можно использовать существующую методику обоснования и утверждения тарифов в качестве руководства. Регулятору только потребуется чуть больше свободы при ее применении, и уже сейчас можно начать сдвигать фокус в сторону ключевых показателей деятельности и бизнес-планов.

Рекомендация 8: Предоставить экономическому регулятору больше свободы, что требует внесения изменений в нормативно-правовую базу, а также четкого определения институциональных ролей заинтересованных сторон.

Стимулы к более эффективной деятельности будут создаваться не только при помощи одних лишь тарифов, но и других экономических инструментов. Обсуждение данного вопроса приведено в разделе 4.7.

Прозрачность и надлежащее корпоративное управление также создают стимулы. Будучи собственниками систем ВСиВО, муниципалитеты играют в этом важную роль. Обзор данных о деятельности предприятий ВСиВО (объем воды, не приносящей дохода, численность персонала на 1000 чел. обслуживаемого (подключенного) населения; связанное с водоснабжением потребление электроэнергии; качество обслуживания клиентов) должен обязательно находится в открытом доступе.

Рекомендация 9: Публиковать ежегодный отчет о деятельности предприятий ВСиВО, выявляя победителей и отстающих, предприятия, которые быстро продвигаются вперед и те, которые запаздывают.

Целью ежегодного отчета о деятельности предприятий ВСиВО, публикуемого экономическим регулятором, должно быть фокусирование внимания на прогрессе, а не просто «тыканье пальцем, чтобы пристыдить». Это позволит отстающим операторам изменить направление и тем самым улучшить основу для будущего сотрудничества.

Содействие регионализации услуг ВСиВО

Большинству небольших операторов ВСиВО не хватает навыков планирования для составления бизнес-планов, хотя в любом случае экономический регулятор не может проводить анализ слишком большого количества таких бизнес-планов и следить за их выполнением. Таким образом, регионализация является условием улучшения СЭР, поскольку более крупные предприятия ВСиВО способны предоставить более качественные данные и бизнес-планы, а экономический регулятор сможет лучше справляться с таким (меньшим) потоком данных, проводить более эффективные мониторинг и ревизию потребностей. Существует намного больше причин, почему регионализация является краеугольным камнем Стратегии водоснабжения и санитации (водоотведения) в Молдове, включая экономию от масштаба, доступ к финансированию и способность к регулированию (Tuck et al., 2013[1]).

Решительный прогресс в процессе регионализации

Рекомендация 10: Действовать более решительно в отношении регионализации, сделать ее обязательным условием для получения бюджетного финансирования капитальных вложений.

Получившая широкое признание румынская модель регионализации приведена на рисунке ниже (Рисунок 4.4). За последние несколько лет стало ясно, что заинтересованные стороны в Молдове желают использовать эту модель. При внесении изменений в законодательство внимание может быть сосредоточено на том, чтобы данная модель могла стать применимой в Молдове. Это будет нелегко, но без регионализации сектор ВСиВО не сможет двигаться вперед и достигнуть поставленных перед ним амбициозных и масштабных целей развития. На любом этапе процесса регионализации необходимо находить продуманный баланс между краткосрочными препятствиями и рисками и долгосрочными возможностями и выгодами. Правительство подаст четкий сигнал о том, что оно серьезно относится к своей собственной стратегии развития, только если оно сделает прогресс в регионализации условием получения финансовой поддержки из бюджета (ANSRC, 2014[2]).

Рисунок 4.4. Концепция регионализации на основе румынской модели

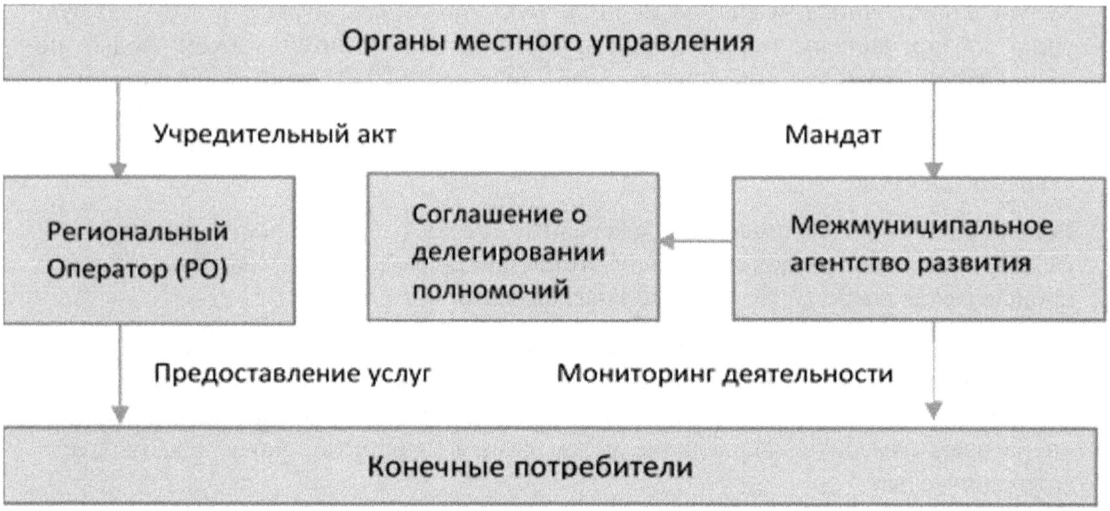

Источник: (ANSRC, 2014[2]), Presentation of National Authority for Public Services of Communal Management of Romania (*Презентация органа государственного управления коммунальными услугами в Румынии*), www.danube-water-program.org/media/dwc_presentations/day_0/Regulators_meeting/2._Cador_Romania_Viena_ANRSC.pdf

В *«Обзоре регионализации водного сектора»* (2013 г.) Всемирного банка (Tuck et al., 2013[1]) предложена хорошо разработанная «дорожная карта» регионализации на десятилетний период, остающаяся актуальной и точной и на настоящий момент. Она включает создание Специальной рабочей группы по регионализации, которая заложит основы регионализации для заинтересованных сторон, стратегического планирования, институциональных структур, которые должны быть развиты, этапов процесса и т. д. Региональный оператор (РО) может находится как в государственной собственности, так и управляться частным оператором (для более подробной информации см. Приложение A).

Рекомендация 11: Принять подход, «дорожную карту» и график, определенные в «Обзоре регионализации» (Tuck et al., 2013[1]).

Передача основных фондов

В большинстве стран с переходной экономикой правовой статус основных фондов предприятий ВСиВО немного размытый. В то же время, понятны три вещи:

1. Используемые основные фонды, генерирующие экономические выгоды, должны быть капитализированы и по ним должна начисляться амортизация в соответствии с Международными стандартами финансовой отчетности.
2. Списание основных фондов не является приемлемым вариантом для операторов ВСиВО. Большинство основных фондов в секторе ВСиВО не могут, не должны быть и не будут раздроблены и проданы.
3. Большинству систем ВСиВО в Молдове срочно требуется модернизация.

Точное определение правого статуса основных фондов относится, таким образом, скорее к научному интересу. На практике эксплуатация и техническое обслуживание таких основных фондов осуществляются оператором ВСиВО. При передаче на баланс оператору основных фондов ВСиВО необходимы стандартизированные процедуры и стандартные соглашения. Эта рекомендация относится не только к регионализации. Ниже приведены три случая передачи основных фондов и для каждого из них требуется точное руководство:

1. Расширение границ зоны обслуживания

При передаче оператору сети ВСиВО, которая находится в публичной собственности и которую он до этого не эксплуатировал, необходимо применение стандартизированной процедуры и заключение стандартного соглашения по расширению границ зоны обслуживания оператора.

2. Передача оператору сети ВСиВО, созданной частными лицами

Граждане, проживающие в сельской местности, часто инвестируют свои собственные денежные средства в развитие сетей ВСиВО с целью их последующей передачи профессиональному оператору для дальнейшей эксплуатации. Такая передача должна быть возможной при соблюдении стандартизированной процедуры и подписании стандартного соглашения.

3. Регионализация

Когда региональный оператор создается на основе из двух или более действующих операторов ВСиВО, их основные фонды складываются вместе и образуют одну организацию. Для этого должны быть разработаны стандартизированная процедура и стандартные соглашения.

Во всех вышеперечисленных случаях руководства в виде брошюр могли бы помочь заинтересованным сторонам произвести передачу основных фондов понятным, с правовой точки зрения надежным и организованным способом. В случае если операторы должны будут выплачивать компенсации, навряд ли во всех трех случаях передача основных фондов будет иметь место. Это означает, что закон должен четко обозначить, что, хотя такие компенсации не запрещены, они также не являются обязательными. Недавно принятое Конституционным судом решение требует дальнейшего/(-ей) уточнения/ правовой практики.

Рекомендация 12: Министерство регионального развития и строительства при сотрудничестве с Агентством водных ресурсов «Апеле Молдовей» должно на практике оказать поддержку процессу регионализации.

Министерство регионального развития и строительства, а также Агентство водных ресурсов «Апеле Молдовей» должны на практике оказывать поддержку процессу регионализации. Начать можно с определения и четкого документирования этапов и процедур передачи основных фондов – в секторе ВСиВО – от одного лица другому на надежной правовой и договорной основах.

Подготовка почвы для внедрения устойчивых бизнес-моделей

Полная регионализация услуг ВСиВО может быть достигнута за 10–20 лет. Тем временем сектору необходимы устойчивые бизнес-модели, по крайней мере на переходный период. Также может иметься несколько различных устойчивых бизнес-моделей для регионализованных услуг ВСиВО (OECD, 2016[3]). Критерии устойчивости применимы как к финансовым и экономическим аспектам, так и к аспектам, связанным с качеством услуг ВСиВО и охраной окружающей среды.

Традиционная модель предприятий ВСиВО, находящихся в муниципальной собственности, не всегда **устойчива**, не говоря уже об **оптимальности.** Молдове необходимо увеличить забор поверхностных вод из рек Прут и Днестр, что может быть важным как для сохранения запасов подземных вод, так и по причине их не всегда приемлемого качества. Одно это является серьезным основанием для разработки иных бизнес-моделей, предусматривающих сотрудничество с другими муниципалитетами и операторами ВСиВО.

Альтернативные бизнес-модели особенно необходимы в сельской местности. Их можно использовать как на постоянной, так и временной основе, например, в период становления регионализации. Они могут быть основаны как на государственном, так и частном управлении сектором, или управление может осуществляться кооперативными или некоммерческими ассоциациями. Бизнес-модель должна будет учитывать потребности, предпочтения и ограниченность потенциала на местах в соответствующих сообществах.

Охарактеризовано несколько бизнес-моделей с фокусом на вариантах водоотведения в сельской местности в Молдове (Таблица 4.1). Эти модели отличаются друг от друга структурой предоставления услуг водоотведения, степенью и формами регионализации (консолидации) и делегирования полномочий, использованием технологий и уровнем предоставляемых услуг. Существуют различные потребности, определяемые большей частью нахождением зоны обслуживания. Для пригородов требуются иные варианты бизнес-моделей, чем для сельских агломераций и отдаленных местностей (OECD EAP Task Force, 2013[4]).

Таблица 4.1. Среднесрочные варианты предоставления услуг водоотведения в различных местностях

Тип зоны обслуживания	Степень регионализации	Предоставление услуг	Профессиональные услуги	Технологии	Финансирование сектора	Стимулы
Пригород	Регионализованный	Акционерное общество, созданное на основе существующих вертикально-интегрированных предприятий ВСиВО (апэканалов)	Небольшая потребность в «облегченной регионализации»	Система водоотведения + КОС	Усовершенствованная программа оказания мер социальной поддержки	Налоговые стимулы в области капитальных вложений
Агломерация	Договоры, основанные на показателях деятельности					
Отдаленная местность	Регионализованная	Ассоциация населенных пунктов или компания, владеющая основными фондами, сданными в аренду оператору	Большая потребность в «облегченной регионализации»	Система водоотведения + КОС	Усовершенствованная программа оказания мер социальной поддержки + фонд солидарности	Налоговые стимулы в области капитальных вложений

Источник: (OECD EAP Task Force, 2013[4]), *Business Models for Rural Sanitation in Moldova (ОЭСР СРГ ПДООС (2013 г.) «Устойчивые бизнес-модели для сельского водоотведения в Молдове»).*

Вызов, связанный с внедрением устойчивых бизнес-моделей, тесно связан с вызовом проведения регионализации. Однако было бы заблуждением считать, что поскольку проводится регионализация услуг ВСиВО, нет необходимости думать об устойчивых бизнес-моделях для данного сектора. Прежде всего, регионализованной структуре потребуется иная бизнес-модель и новые ориентиры корпоративной стратегии. Во-вторых, на реализацию первого этапа регионализации уже может потребоваться десятилетие. В течение этого периода и после его завершения необходимы жизнеспособные бизнес-модели, включая такие, которые применяют более гибкие стандарты предоставления услуг ВСиВО, особенно, в отдаленной местности.

Бизнес-модели для различных форм и степени регионализации представлены на рисунке ниже (Рисунок 4.5). Ожидается, что в долгосрочной перспективе сектор сменит модель 1 на модель 3. Однако, даже если модель 3 будет однажды полностью внедрена, могут иметься причины для структурирования деятельности по-разному в разных регионах, и даже внутри регионов. Регионализация не означает централизованной стандартизации. Как в сфере водоснабжения, так и водоотведения эффективным может быть использование аутсорсинга, привлечение частного сектора, создание ассоциаций водопользователей или сельских кооперативов потребителей питьевой воды, использование различных технологий и т. д. Оптимальные степень и форма регионализации услуг ВСиВО могут варьироваться от региона к региону и внутри региона.

Рисунок 4.5. Бизнес-модели для различных форм и степени регионализации

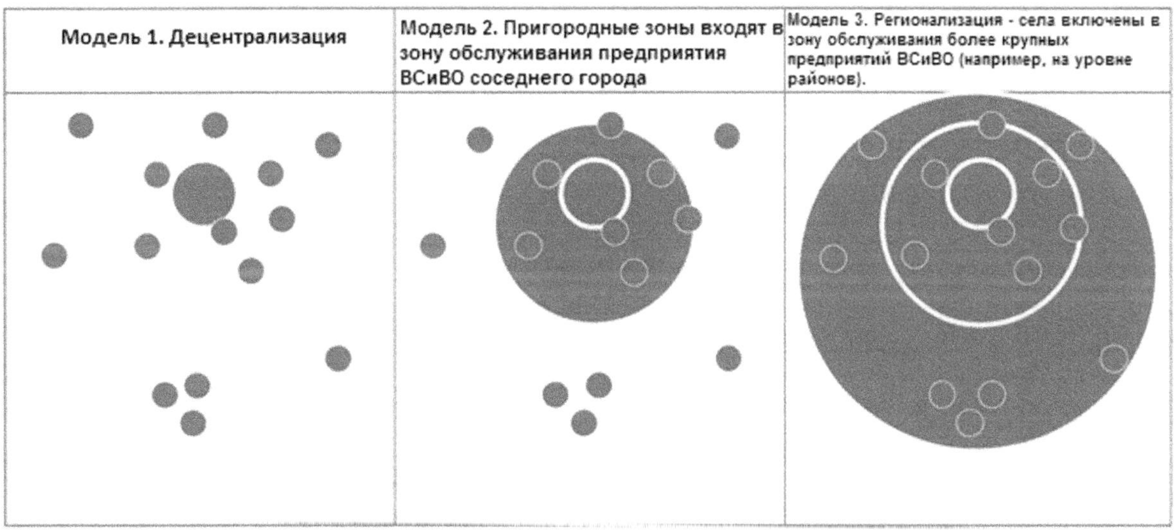

Источник: (OECD EAP Task Force, 2013[4]), *Business Models for Rural Sanitation in Moldova (ОЭСР/СРГ ПДООС (2013 г.) «Устойчивые бизнес-модели для сельского водоотведения в Молдове»).*

Рекомендация 13: Содействовать внедрению бизнес-моделей, отвечающих потребностям сообществ.

Различные варианты представлены на рисунке ниже (Рисунок 4.6) ОЭСР/Специальная рабочая группа по «зеленым» действиям (OECD EAP Task Force, 2013[4]) также рекомендует подготовить руководства для местных публичных администраций по учреждению (межмуниципальных) акционерных компаний (например, в отношении операторов, предоставляющих услуги откачки содержимого выгребных ям; деятельности регионализованных предприятий ВСиВО). Также было рекомендовано включить в такие руководства образцы устава, нормативных документов и сервисных договоров, основанных на результатах деятельности.

Рисунок 4.6. Устойчивые структуры предоставления услуг на региональном уровне

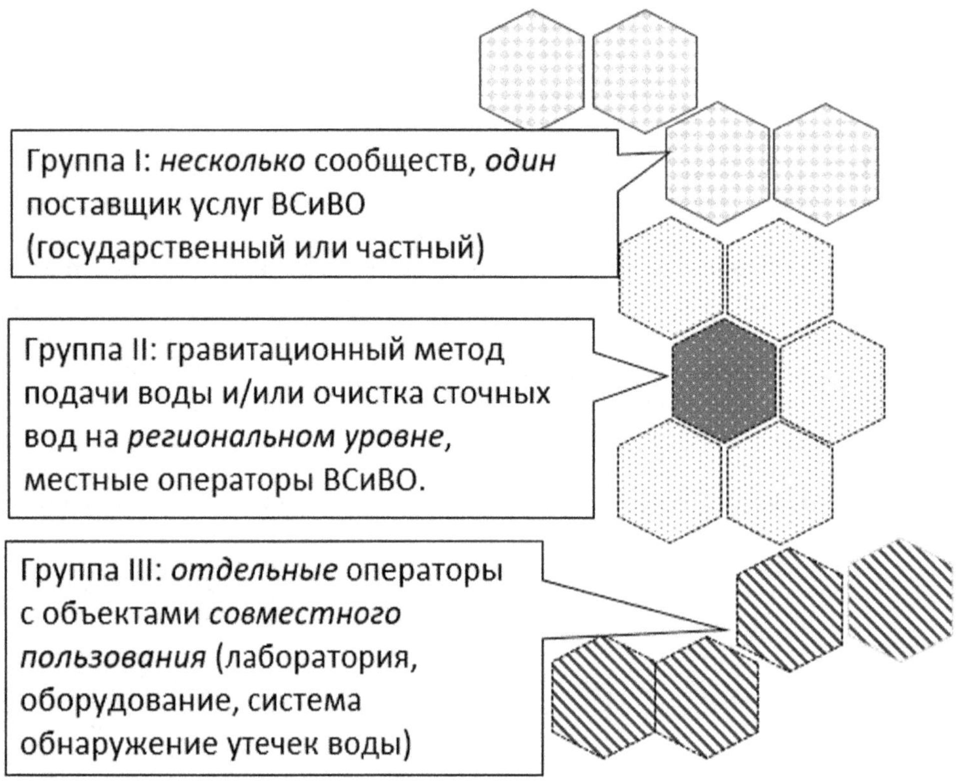

Источник: Собственная разработка автора.

Оптимальное сочетание ТНТ

Как указано в разделе 2.4, основным источником финансирования операторов ВСиВО является сочетание ТНТ (тарифов, налогов и трансфертов). В Молдове сектор жилищно-коммунальных услуг не может развиваться за счет одной тарифной выручки, ему необходим также надежный поток денежных средств из бюджета (из собранных налогов) и международные гранты (трансферты от внешних доноров). Для надежного использования таких потоков необходимы планирование и координация.

Рекомендация 14: Разработать систему сбора данных, их регистрации и прогнозирования при поддержке Министерства окружающей среды и Агентства водных ресурсов «Апеле Молдовей».

При разработке системы сбора данных, их регистрации и прогнозирования можно рассматривать ТНТ как ее интегрированную часть (см. Рисунок 4.7) в перспективе прошлого, настоящего и будущего. Такие данные должны обновляться и публиковаться на ежегодной основе.

Рисунок 4.7. Интеграция учета ТНТ, млн. евро

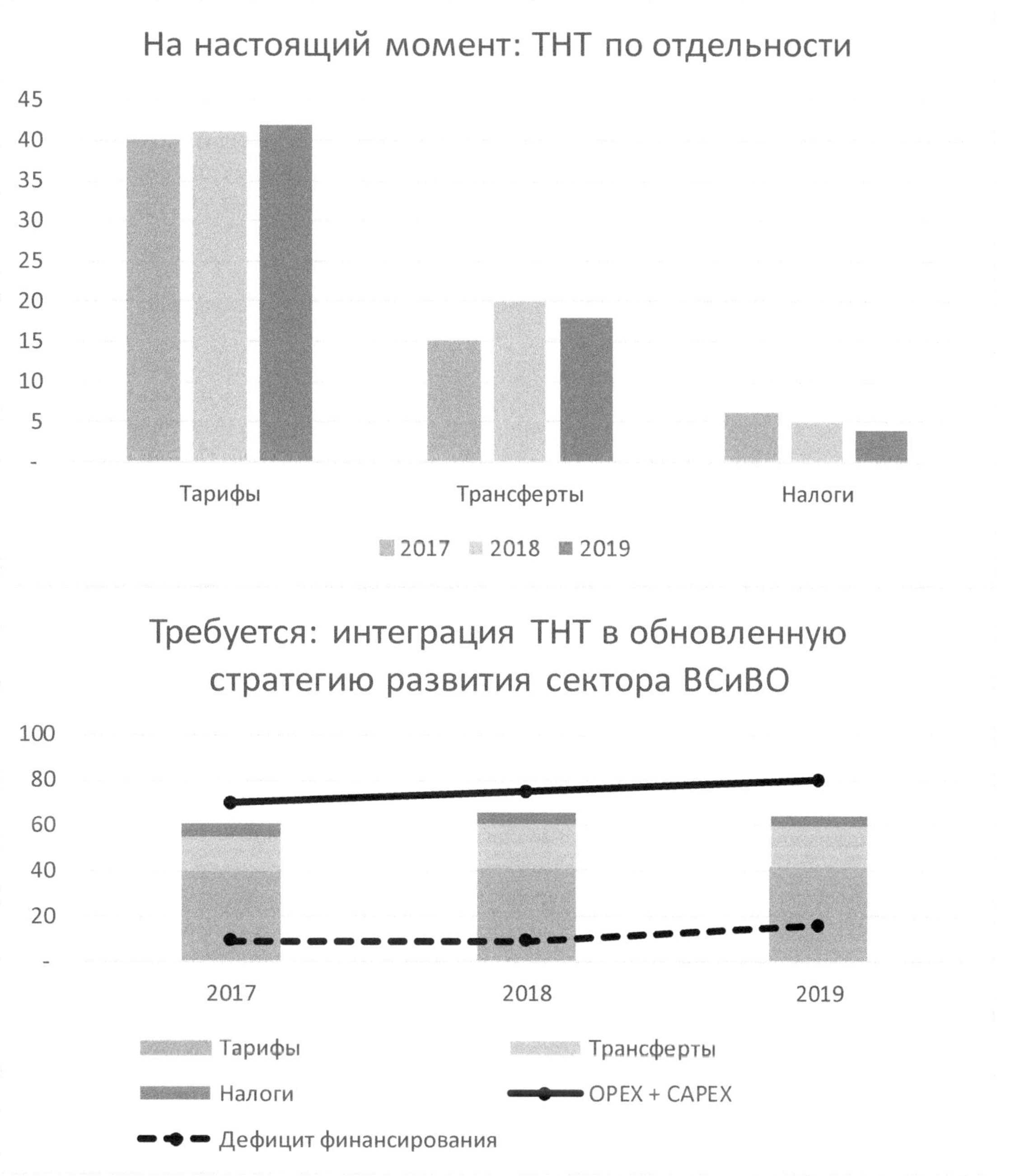

Примечание: Данные приведены исключительно для наглядного представления концепции.
Источник: Собственная разработка автора.

Рекомендация 15: Обновить планирование ТНТ на пятнадцатилетний период (Минфин).

Помимо обновления планирования ТНТ на пятнадцатилетний период, Минфину также необходимо иметь оценку требуемых эксплуатационных и капитальных затрат в секторе. Для этого можно использовать как метод оценки «снизу вверх», так и опыт стран с переходной экономикой, несущих расходы по приведению своей нормативно-правовой базы в соответствие с *acquis* ЕС. Таким образом, оценка дефицита финансирования может обновляться ежегодно, и могут выявляться и вноситься необходимые изменения в отраслевую политику, регулирование и финансовый потенциал сектора. Это очень важно для привлечения внешнего финансирования, что обсуждается в разделе 4.8. Затраты и финансирование не будут автоматически совпадать, и разработчики отраслевой политики столкнутся с ситуациями сложного выбора. Только информированный выбор сделает возможным оптимальное сочетание ТНТ, и он будет основываться на отказе от других менее привлекательных вариантов и сочетаний.

Вставка 4.1. Дифференцированное и «облегченное» регулирование

Экономический регулятор НАРЭ может играть роль в большинстве областей СЭР – от стимулов к повышению эффективности деятельности до регионализации, от устойчивых бизнес-моделей до ценовой доступности услуг. В Молдове имеется большое число различных поставщиков услуг ВСиВО: от крупных корпоративных предприятий в городах до небольших (частных) операторов. Часто органы местного самоуправления самостоятельно осуществляют водоснабжение.

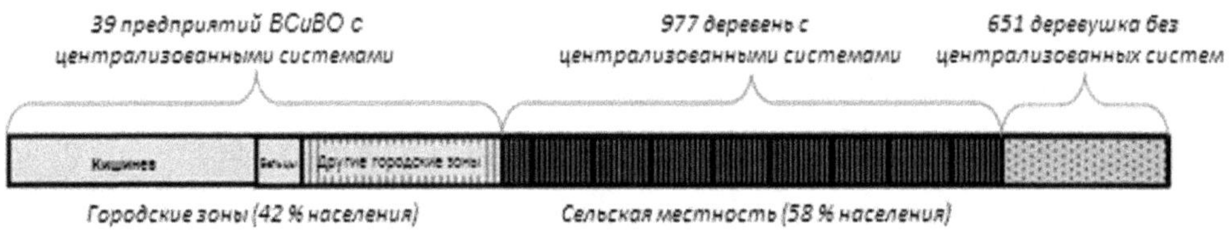

Источник: (Tuck et al., 2013[1]), “Water Sector Regionalization Review, Republic of Moldova” (*«Обзор регионализации сектора ВСиВО: Республика Молдова»*).

НАРЭ может регулировать только зарегистрированных у него операторов ВСиВО. Фактически речь идет о приблизительно 40 городских апэ-каналах. Среди них также имеются большие различия. Некоторые из них уже достигли экономии от масштаба, как например, «Апэ-Канал Кишинэу» (*Apacanal Chişinău*) и операторы ВСиВО в крупных городах. В отношении этой категории, т. е. будущих региональных операторов, экономическое регулирование может развиваться в соответствии с рекомендациями, приведенными в разделах 4.4 – 4.5.

Другие операторы ВСиВО в будущем могут слиться в более крупные единицы; для этой категории потребуется разработка иного подхода. Достаточно было бы убедиться в том, что они «движутся в правильном направлении», т. е. делают успехи на пути к регионализации. Вместо того, чтобы соответствовать сложной методике обоснования и утверждения тарифов, эти предприятия должны будут привести свои тарифы в соответствие с тарифами будущего регионального оператора ВСиВО.

Большинство малых операторов ВСиВО «остаются незамеченными», поскольку они не зарегистрированы как предприятие ВСиВО. В этой связи НАРЭ не может проводить оценку условий предоставления услуг ВСиВО, спроса и потребностей существенной доли населения (58 %). В более широком контексте подразумевается, что национальное правительство Молдовы не имеет полной картины предоставления услуг ВСиВО в этих зонах (это означает, что уровень предоставляемых услуг ВСиВО часто ниже установленных стандартов). Поэтому, целесообразно было бы регистрировать любые предоставляемые услуги водоснабжения и водоотведения, хотя бы в целях планирования и мониторинга. Правительство может незамедлительно освободить небольших операторов от необходимости получения лицензий и соответствия положениям регулирования тарифов на пять лет. Как отмечалось выше, небольшим уже зарегистрированным операторам ВСиВО требуется «облегченное» регулирование. «Облегченное» регулирование также предусматривает сокращенное число показателей качества услуг для осуществления мониторинга намного более прагматичного процесса установления тарифов. Таким образом НАРЭ может оказать содействие национальной политике, для которой регионализация является краеугольным камнем; сфокусировать внимание на будущих региональных операторах; и одновременно не упускать из виду будущие потребности сектора водоснабжения в инвестициях и требуемой консолидации услуг ВСиВО в стране.

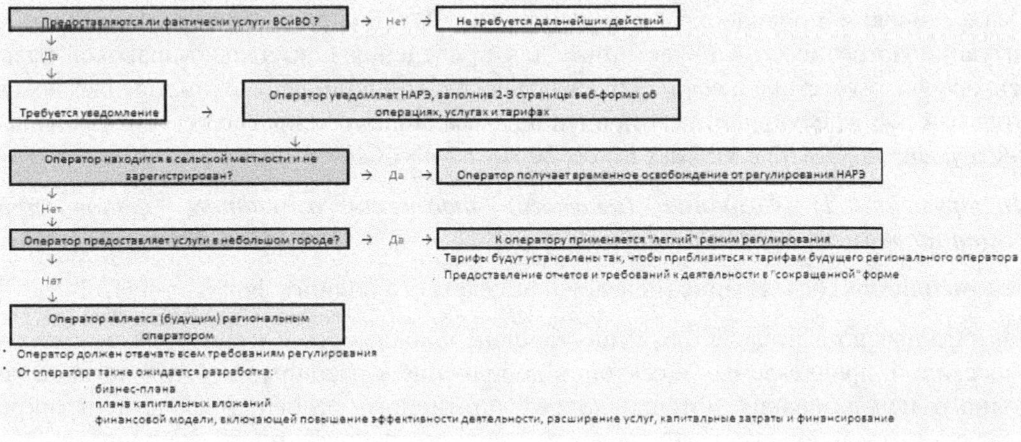

Источник: Собственная разработка автора; (Tuck et al., 2013[1])“*Water Sector Regionalization Review: Republic of Moldova*” (*«Обзор регионализации сектора ВСиВО: Республика Молдова»*).

Более широкое использование экономических инструментов

Тарифы, обсуждение которых уже состоялось в рекомендации 6, можно рассматривать как самый важный из всех экономических инструментов. Но помимо них существует множество и других инструментов, которые оказывают воздействие на поведение операторов и потребителей и могут помочь в достижении целей отраслевой политики. В целом, речь идет о таких категориях как: налоги и сборы, например, за забор и за загрязнение воды; субсидии производителям определенных видов продукции или процессам; и рыночные инструменты, такие как квоты на сброс с правом переуступки; а также добровольные соглашения, как например, соглашения между водопользователями выше и ниже по течению. Использование экономических инструментов рекомендовано в области охраны окружающей среды наряду с традиционными административно-командными мерами.

В Молдове бо́льшая часть потенциала использования экономических инструментов еще должна быть реализована. Это может звучать удивительно, учитывая возрастающие нехватку воды и загрязнение окружающей среды. При разработке экономических инструментов, помимо других вопросов, требуется должное понимание следующих моментов:

- возможное воздействие на окружающую среду и общество;
- институциональный, управленческий и экспертный потенциал страны для их внедрения.

Таким образом, логично сначала расширить и улучшить использование существующих экономических инструментов, которые, помимо тарифов, включают в себя также сборы за забор воды и за загрязнение окружающей среды. ОЭСР/Специальная рабочая группа по «зеленым» действиям (OECD EAP Task Force, 2007[5]) уже предоставила множество рекомендаций в отношении упрощения системы и ее более эффективного действия. Согласно ЕЭК ООН (UNECE, 2014[6]), эти рекомендации не пересматривались с 2005 года, поэтому она предлагает дополнительные рекомендации.

Эти рекомендации вне зависимости от срочности их выполнения предложены в более широком природоохранном контексте. В отношении сектора ВСиВО и в ситуации потребности в инвестициях для приведения нормативно-правовой базы сектора в соответствие с *acquis* ЕС, связанного с водными ресурсами, предлагаются (только) две следующие рекомендации, касающиеся применения специальных инструментов (OECD EAP Task Force, 2007[5]); (UNECE, 2014[6]).

Инструмент 1: Создание (целевого) бюджетного водного фонда при Национальном экологическом фонде

Рекомендация 16: Создание (целевого) бюджетного водного фонда при НЭФ.

Как обозначено в разделе 4.6, существует необходимость в мониторинге потоков инвестиций, привлекаемых в сектор, в дополнение к расширению этих потоков до полного использования потенциала результативного освоения средств страной. Создание отдельного от НЭФ (целевого) водного фонда создаст дополнительную административную нагрузку и может натолкнуться на противодействие некоторых международных финансовых институтов. В рамках НЭФ, однако, имеется возможность администрирования и целевого направления потоков денежных средств в сектор ВСиВО. Предлагаемый (целевой) бюджетный водный фонд при НЭФ способен обеспечить необходимую степень гибкости финансирования. Поток инвестиций может быть бо́льшим или меньшим в зависимости от макроэкономической обстановки и меняющихся приоритетов правительства (которые могут кардинально меняться после очередных выборов). Однако важно обеспечить долгосрочное устойчивое финансирование капитальных вложений в сектор ВСиВО, поскольку цели водной политики не могут быть достигнуты в рамках одного электорального цикла. Необходимо регистрировать, вести мониторинг и удерживать в политической повестке дня долгосрочный прогресс в выполнении отраслевой инвестиционной программы. Это можно осуществлять в рамках структуры НЭФ. Концепция бюджетного водного фонда проиллюстрирована на рисунке ниже (Рисунок 4.8).

Сборы за забор и за загрязнение воды могут стать основным источником доходов (целевого) бюджетного водного фонда. Однако не стоит исключать и другие источники финансирования, такие как акцизный налог на продукцию, которая вносит значительный вклад в диффузное загрязнение воды: токсичные агрохимикаты, отработанное машинное масло, синтетические моющие средства с высоким содержанием фосфора (P) и (или) азота (N) и т. д.

Рекомендация 17: Повысить сборы за забор и за загрязнение воды и расширить облагаемую базу.

Вся вода, добываемая домохозяйствами (а также некоторыми другими некоммерческими образованиями) для собственных нужд не облагается сбором за забор воды. Эта льгота не имеет смысла, если тарифы все равно должны быть гармонизированы.

Рекомендуется, в конечном счете, использовать сборы за забор поверхностных и грунтовых вод для создания стимулов к более экономному и эффективному использованию водных ресурсов, а также для генерирования денежных средств на покрытие капитальных затрат в секторе. Существующая политика в области охраны подземных вод может быть дополнена относительно более высоким сбором за забор пресной воды, пригодной для питья (OECD EAP Task Force, 2007[5]); (UNECE, 2014[6]).

Доходы от сборов за забор и платы за загрязнение воды будут возвращаться обратно в сектор на прозрачной основе в виде субсидий на осуществление капитальных вложений. Их также можно направить на финансирование мер социальной поддержки, нацеленных, например, на сокращение расходов на получение доступа к услугам водоснабжения.

Подробные рекомендации, касающиеся дальнейшего общего реформирования НЭФ, уже были представлены в двух проектах ПРООН (2012–15 гг.), и мы не будем их повторять. Были достигнуты определенные улучшения путем консолидации НЭФ в государственный бюджет. Однако дальнейшее выполнение данных рекомендаций будет способствовать б***о***льшему соответствию НЭФ (и НФРР) стандартам надлежащего управления публичными финансами.

Рисунок 4.8. Принцип работы (целевого) бюджетного водного фонда

Источник:Собственная разработка автора.

Инструмент 2: Создание фонда развития

Рекомендация 18: Обеспечить целевое использование (части) доходов (тарифной выручки), в части амортизационных начислений, а также доходов от сбора муниципальных налогов, роялти и ежемесячной арендной платы (если имеет место).

Данные виды доходов необходимо использовать исключительно на капитальные вложения и обслуживание долга. Наилучшим примером этого служат румынские фонды, предназначенные для финансирования технического обслуживания, модернизации и развития ВСиВО (Popa T., 2014[7]). Однако для достижения данной цели также можно использовать эскроу-счет или специальный банковский счет (СБС).

Использование слова «фонд», таким образом, не подразумевает учреждения юридического лица для управления денежным потоком, как в Румынии. Экономическая суть концепции фонда может быть достигнута при помощи эскроу-счета. Теоретически для этого можно было бы также использовать систему бухгалтерского учета предприятий, но мы не рекомендуем этот вариант.

Обеспечение целевого использования амортизационных отчислений необходимо, иначе средства легко могут быть использованы на поддержание неэффективных действий на уровне оператора ВСиВО или для удержания ставок тарифов ниже уровня покрытия затрат.

Существует еще одна причина того, почему фонд развития и связанное с ним целевое использование средств могут быть важны для сектора ВСиВО. Это предотвратило бы получение денежных выгод от владения муниципальной инфраструктурой ВСиВО в будущем, таким образом устраняя возможное препятствие к регионализации.

Любые доходы муниципалитетов от связанных с ВСиВО роялти, арендной платы, концессионных сборов или других видов сборов, направлялись бы в фонд для инвестирования в ВСиВО. Таким образом любой неразрешенный вопрос, связанный с правом собственности, будет меньше препятствовать процессу регионализации. Для муниципалитетов объект собственности больше не будет связан с каким-либо потоком доходов (см. Рисунок 4.9).

Рисунок 4.9. Принцип работы фонда развития

Источник: Собственная разработка автора.

Фонд развития – это местный или региональный фонд. Он не заменяет национальные экономические инструменты и может сосуществовать с ними. Рисунок 4.10 показывает, как данный инструмент можно использовать параллельно процессу регионализации в Молдове. При каждом расширении или слиянии зон обслуживания создается новый фонд развития. Если при этом использовать специальный банковский счет (СБС), то усилия и затраты по созданию фонда будут минимальны. Для этого потребуется открытие счета, определение целей, в которых он сможет использоваться, и обеспечение его авторизации (право совместной подписи).

Денежные средства на существующих (старых) СБС постепенно будут использоваться на предусмотренные ими цели в рамках зоны обслуживания. Как только средства на старом СБС будут исчерпаны, счет закрывается. Как правило это будет происходить в течение одного года с момента слияния (расширения) зон обслуживания. Стоит отметить, что с даты вступления в силу слияния или расширения зон обслуживания все денежные вклады от всех входящих в зону обслуживания муниципалитетов и регионализованного оператора ВСиВО будут направляться на новый СБС. Вызовом для такого объединения будет являться распределение инвестиций в зоне обслуживания на приемлемой, справедливой и экономически эффективной основе. Основным принципом должна быть экономическая обоснованность. На любом уровне предоставления услуг на осуществление водоснабжения и водоотведения в сельской местности, как правило, требуется б*о*льший объем инвестиций на душу населения. Объем поступлений в фонд развития на км сети из городских зон будет б*о*льшим, чем из сельских. В случае регионализованных услуг ВСиВО такой фонд будет являться основным источником солидарности городов с селами.

Рисунок 4.10. Фонд развития в контексте регионализации

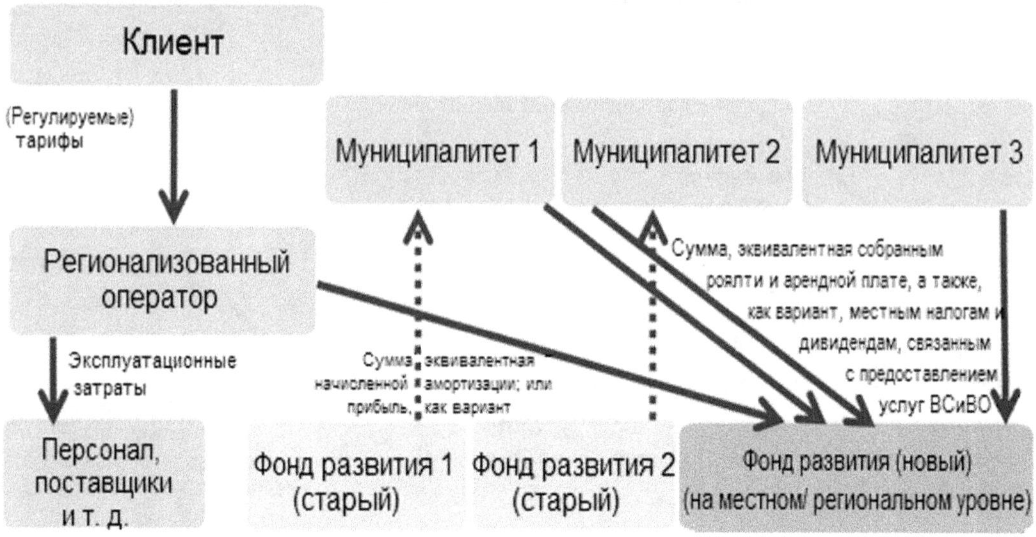

Источник: Собственная разработка автора.

Расширение доступа к внешнему финансированию для сокращения дефицита финансирования сектора ВСиВО

В разделе 2.4 упоминается необходимость проведения оценки дефицита финансирования, т. е. разницы между прогнозируемым доходом от ТНТ и величиной эксплуатационных и капитальных затрат на национальном и местном уровнях. Для устранения такого дефицита необходимо привлекать внешнее финансирование, основанное на принципах рыночной экономики (Рисунок 1.4).

Внешнее финансирование для устранения недостатка финансирования

Рекомендация 19: Разработать меры отраслевой политики с целью повышения привлекательности операторов ВСиВО в Молдове для внешних кредиторов.

Разработчики отраслевой политики и операторы ВСиВО должны учитывать воздействие, оказываемое их действиями на внешних кредиторов, а также их видение рынка Молдовы в отношении обслуживания долга в секторе ВСиВО. Большинство рекомендаций, представленных в настоящем отчете, уже повысят привлекательность сектора. Несколькими примерами того являются регионализация, прозрачность, доступность данных, бизнес-планы и более эффективное экономическое регулирование. Однако правительство может сделать больше в этом отношении. (Verbeeck, 2013[8]) относит отсутствие инструментов (таких как кредитные линии) и кредитных рейтингов к значительным препятствиям, существующим во многих странах с переходной экономикой. ОЭСР (OECD, 2010[9]) также предоставляет более подробную информацию и комплексный анализ, актуальные для Молдовы. Важно отметить, что для привлечения внешнего финансирования требуются другие методы прогнозирования доходов, чем те, которые используются в Молдове на настоящий момент (см. Рисунок 4.11 и Рисунок 4.12).

Рисунок 4.11. Внешнее финансирование: текущий метод прогнозирования доходов

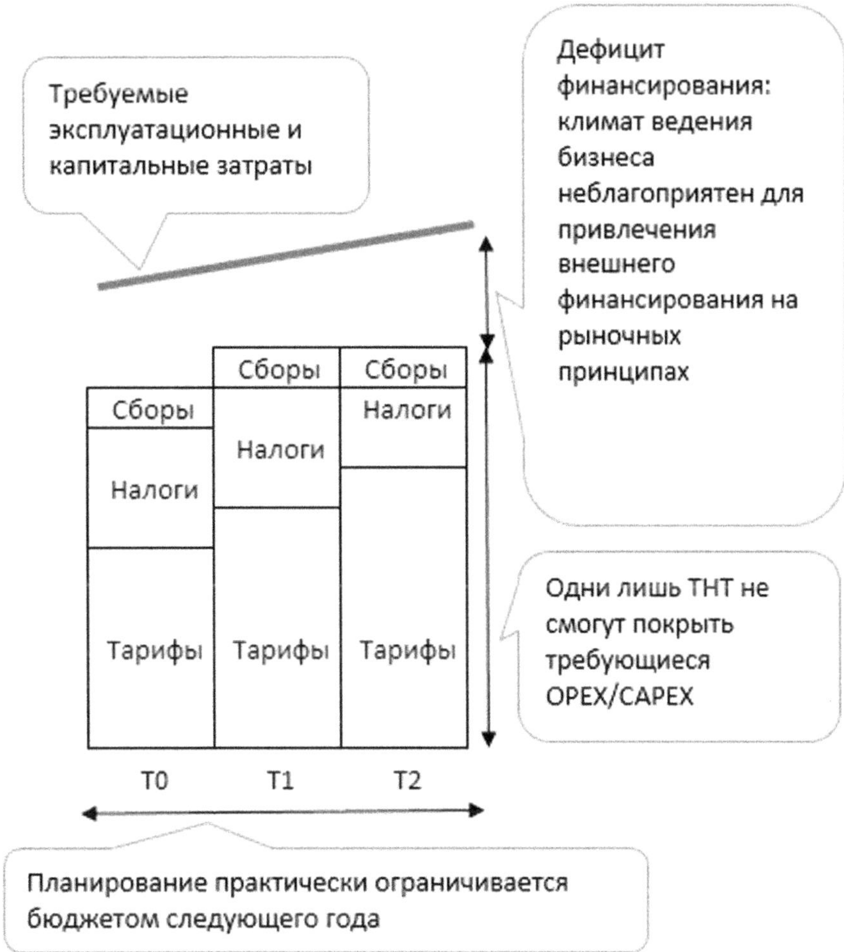

Источник: Собственная разработка автора.

Рисунок 4.12. Внешнее финансирование: требуемые методы прогнозирования доходов

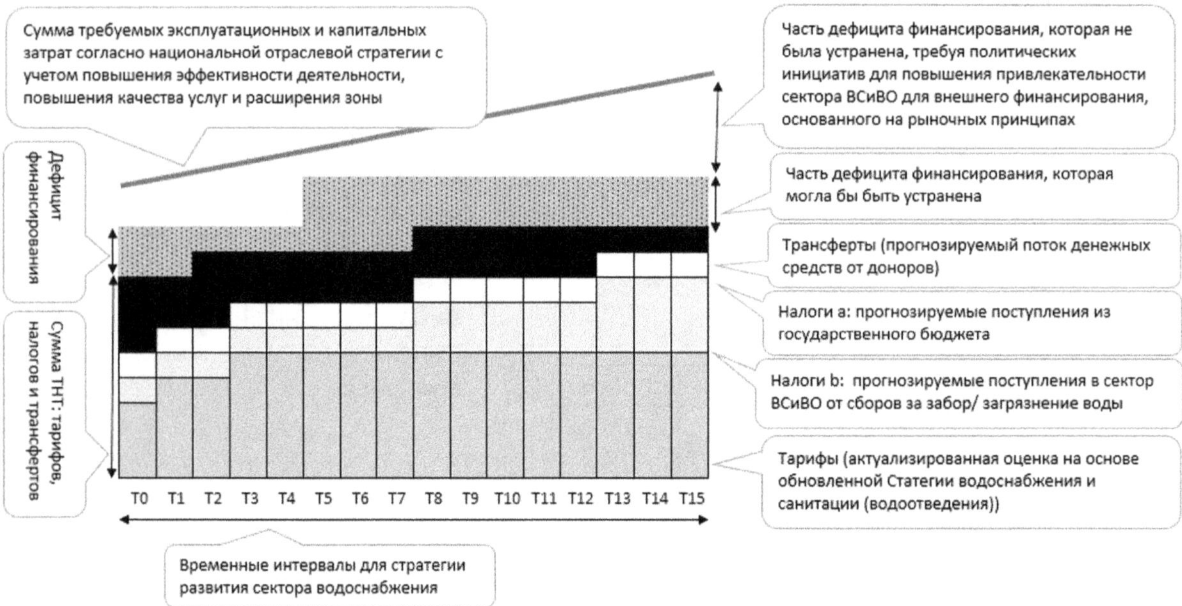

Источник: Собственная разработка автора.

Действенные меры адресной социальной поддержки как ключевой элемент СЭР

Процентная доля расходов домохозяйств на оплату услуг ВСиВО в Молдове выше, чем в любой другой европейской стране (см. Рисунок 4.13). В течение более десяти лет ОЭСР и другие партнеры предупреждают о том, что требуемое повышение ставок тарифов необходимо сочетать с мерами адресной социальной поддержки, надлежащее сочетание которых намного более экономически эффективно для сектора ВСиВО, чем низкие тарифы для всех. Также подчеркивается, что доступ к услугам ВСиВО даже важнее величины расходов на эти услуги. Было рекомендовано создать специальный устойчивый национальный механизм финансовой поддержки сектора ВСиВО (OECD, 2017[10]). В течение предстоящего переходного периода, связанного с быстрым ростом ставок тарифа, такой механизм был бы особенно необходим.

Рисунок 4.13. Доходы домохозяйств (лей в год) и доля расходов (%%) на услуги ВСиВО, в разрезе квинтильных групп по доходам (данные за 2013 год)

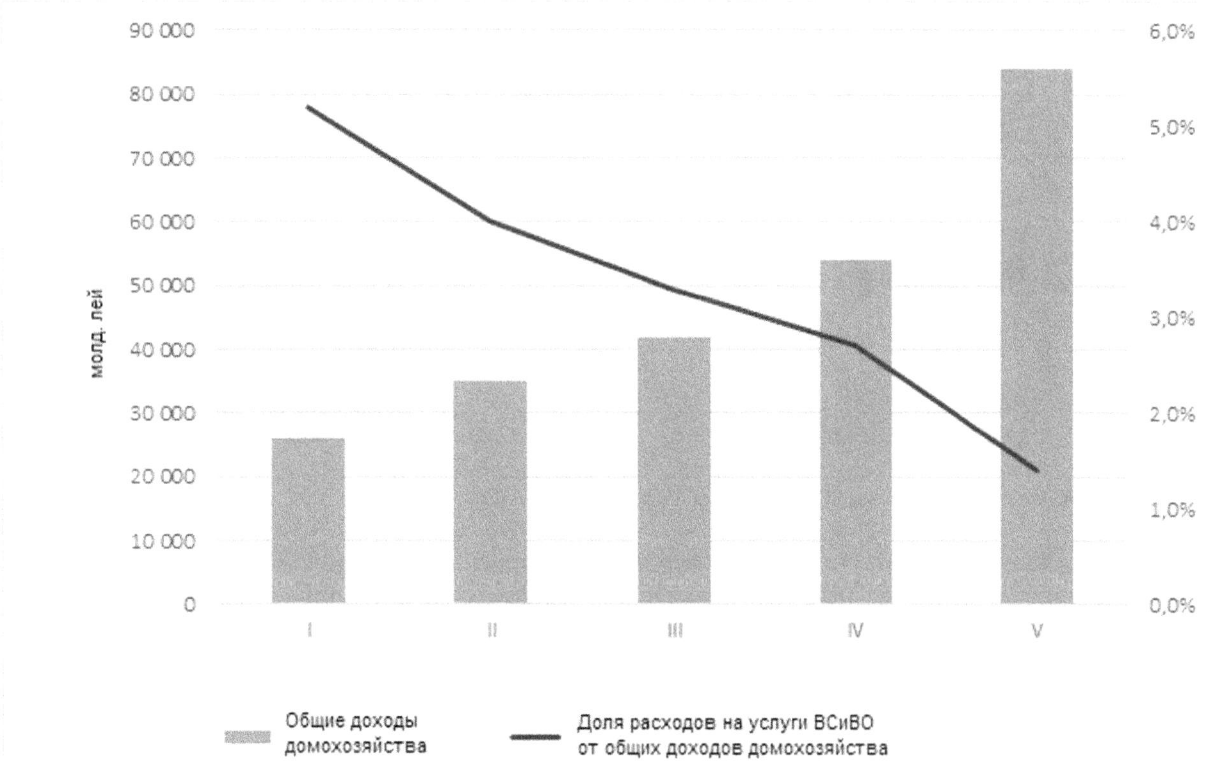

Примечание: Данный рисунок был выполнен для проведения экономического анализа в рамках Плана управления Днестровским бассейновым округом.
Источник: Собственная разработка автора на основе данных Национального бюро статистики (НБС) Молдовы, доступных по ссылке: www.statistica.md/index.php?l=en.

Текущая и желаемая ситуации представлены на следующем рисунке (Рисунок 4.14). У муниципалитетов и центрального правительства имеются определенные финансовые средства на оказание мер по поддержанию общего дохода граждан. Эти меры не нацелены конкретно на получение услуг ВСиВО. Большая часть средств «расходуется» на перекрестное субсидирование домохозяйств и удержание низких ставок тарифа в целом. Перенаправление этих ресурсов на оказание мер адресной социальной поддержки в секторе ВСиВО может существенно сказаться на доступе к услугам ВСиВО и их ценовой доступности для бедных категорий граждан.

Рисунок 4.14. Текущая и желаемая ситуации в отношении оказания мер социальной поддержки по получению услуг ВСиВО

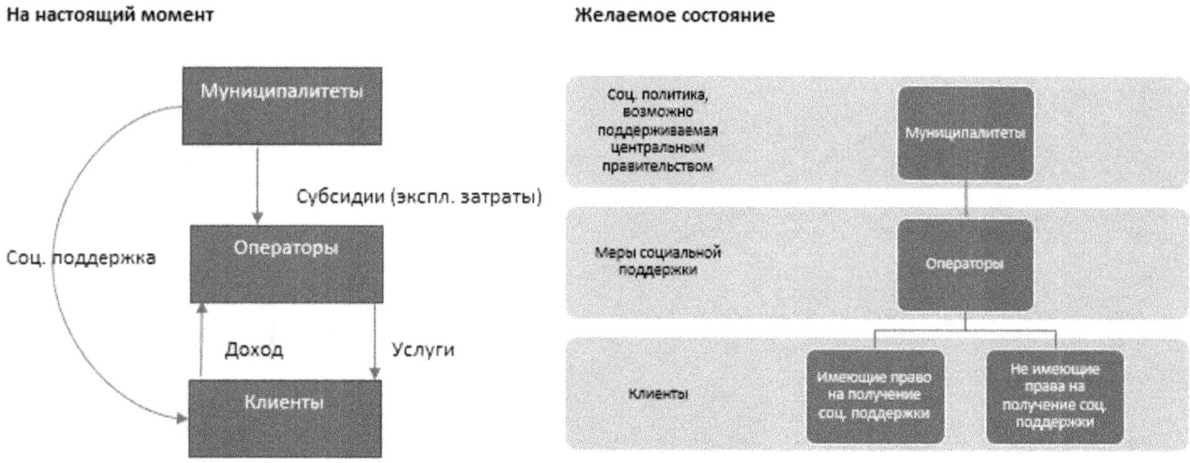

Источник: Собственная разработка автора.

В Молдове пока еще не используются меры адресной социальной поддержки по получению услуг ВСиВО. Поэтому в настоящем отчете дается одна, но очень конкретная и важная рекомендация, касающаяся одного вида мер адресной социальной поддержки.

Рекомендация 20: Внедрить меру социальной поддержки по оплате услуг ВСиВО в виде системы скидок.

Льгота представляет собой скидку на сумму к оплате, указанную в счете, в виде фиксированной денежной суммы. Размер предоставляемой льготы может зависеть от социального статуса бенефициара и варьироваться в зависимости от числа членов домохозяйства и, возможно, от величины его дохода. Последнее позволит избежать ловушки бедности, но приведет к более высоким административным затратам.

Льгота должна основываться на руководствах, выпущенных НАРЭ или МТСЗиС, но должно иметься достаточно свободы для ее адаптации к потребностям на местах в отношении размера льготы и категорий граждан, которым она будет предоставляться. Один из возможных вариантов приведен на рисунке ниже (Рисунок 4.15).

В любом случае это не должно оказать никакого воздействия на доходы оператора ВСиВО, т. е. оператор получит обратно те суммы, которые «недополучил» из-за льгот, благодаря более высоким ставкам тарифов и/или бюджетным субсидиям. Конечно, также приветствуется финансовая поддержка со стороны муниципалитетов, МТСЗиС, Минфина и/или (целевого) бюджетного водного фонда. Однако, механизм предоставления льгот также мог бы функционировать и при отсутствии какой-либо внешней поддержки. Но от муниципалитетов требуется активное участие в определении черты бедности и критериев получения льготы. Также необходим обмен данными между оператором и муниципалитетом и проведение регулярных инспекций применения инструмента, а также его пересмотр на ежегодной основе. Для более подробного описания механизма предоставления льгот см. Приложение С.

Механизм предоставления льгот поддерживает спрос на услуги ВСиВО и мог бы являться важной мерой в краткосрочной перспективе в период повышения ставок тарифов. Физический доступ к услугам ВСиВО не менее важен в долгосрочной перспективе. Для этого, например, может быть создан механизм предоставления микрозаймов для оказания поддержки при осуществлении расходов на подключение.

Рисунок 4.15. Принцип работы механизма предоставления льгот

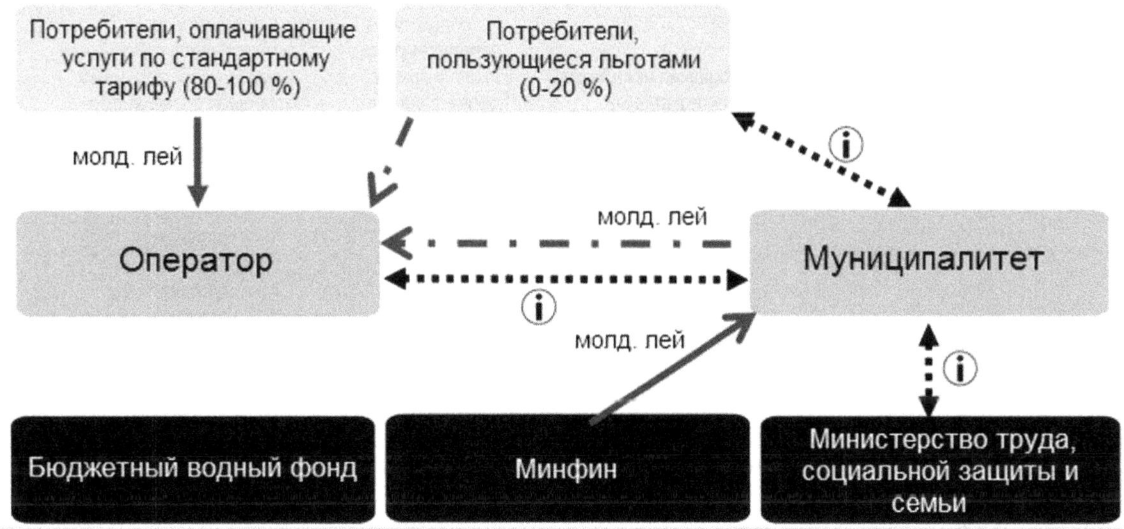

Источник: Собственная разработка автора.

Представленные рекомендации, ключевые ресурсные документы и требования технической помощи (ТП)

Целью 20 рекомендаций, представленных в предыдущих подразделах, является совершенствование СЭР сектора ВСиВО в Молдове и/или создание более благоприятной среды для ее успешного функционирования. В некоторых случаях граница между этими понятиями более очевидна, чем в других. В случае регионализации имеется причинно-следственная связь: регионализация содействовала бы более эффективному действию СЭР, тогда как надежная СЭР содействовала бы регионализации. Не уходя в подробности, в следующей таблице (Таблица 4.2) указываются типы отношений по каждому виду целей.

Таблица 4.2. Требования к СЭР, цели и роль надежной СЭР, текущая ситуация

Цель	Требования к СЭР	Надежная СЭР…	Однако на настоящий момент…
1. Тариф, предоставляющий стимулы к более эффективной деятельности	Осуществление мониторинга и контроля процесса повышения эффективности деятельности (1)	… устанавливает тарифы, предоставляющие «умные» стимулы к более эффективной деятельности	Недостатки в методике и ее применении (раздел 3.3).
2. Более решительная регионализация услуг ВСиВО	Фокусирование внимания на региональных операторах (РО) (2)	… содействует регионализации, И, если процесс регионализации завершен, сама СЭР сможет действовать более эффективно	Сложные правовая/ институциональная основы, недостаточный потенциал управления и отсутствие стимулов. Пугающая НАРЭ задача регулирования.
3. Разработка устойчивых бизнес-моделей	Содействие внедрению устойчивых бизнес-моделей (3)	… оказывает содействие внедрению устойчивых бизнес-моделей	Значительные правовые, регуляторные и институциональные барьеры к использованию иных бизнес-моделей, чем бизнес-модель предприятия ВСиВО, находящегося в муниципальной собственности.
4. Оптимальное сочетание ТНТ (тарифов, налогов и трансфертов), основанное на актуализированной отраслевой стратегии	Повышение тарифов для финансирования КОС (4)	… обеспечивает оптимальное сочетание ТНТ	Отсутствие интегрированной координации и планирования ТНТ
5. Надлежащее использование экономических инструментов для достижения целей отраслевой политики в секторе ВСиВО	Признание необходимости использования внешнего финансирования (7); экономические инструменты, особенно для финансирования очистки сточных вод и ВСиВО в селах	… предоставляет ключевой экономический инструмент в виде тарифа и содействует использованию других экономических инструментов	Ограниченное использование сбора за забор воды как экономического инструмента.
6. Использование внешнего финансирования для сокращения прогнозируемого дефицита финансирования	Создание условий для достижения ЦУР, связанных с ВСиВО (8)	… содействует получению доступа к внешнему финансированию посредством уменьшения регуляторного риска	Отсутствие изменений даже номинальных ставок тарифов в течение многих лет. Отсутствие политики привлечения инвестиций в сектор ВСиВО.
7. Меры адресной социальной поддержки в получении и оплате услуг ВСиВО	Защита бедных категорий граждан (5) и обеспечение ценовой доступности услуг (6)	…предоставляет руководство по введению эффективных мер адресной социальной защиты	Отсутствие мер социальной поддержки в получении и оплате услуг ВСиВО, в то время как значительные повышения ставок тарифа могут быть неизбежны.

Источник: Собственная разработка автора.

Для простоты использования ниже представлено резюме всех рекомендаций.

Рекомендация 1: Восстановить Комиссию по ВСиВО как органа, осуществляющего координацию отраслевой водной политики на высоком уровне.

Остальные рекомендации сгруппированы по темам и сопровождаются ориентировочной «дорожной картой», информацией по ключевому (-ым) ресурсному (-ым) документу (-ам) и указанием необходимости использования технической помощи при их выполнении.

Предоставление стимулов к повышению эффективности деятельности

Рекомендация 2: Признать роль экономического регулятора как независимого органа, оказывающего содействие повышению эффективности деятельности предприятий ВСиВО, а также посредника в отношениях между оператором ВСиВО и клиентом.

Рекомендация 3: Требовать от операторов ВСиВО качественно составленных бизнес-планов и проводить их анализ.

Рекомендация 4: Предоставить образец (шаблон) бизнес-плана с минимальными критериями, а также образец финансовой модели в Excel в соответствии со стандартами моделирования бизнес-процессов.

Рекомендация 5: Предоставить стимулы к разрешению проблемных ситуаций с сетями ВСиВО в многоквартирных домах. Затраты, связанные с внутридомовыми утечками воды (технические и коммерческие потери воды), должны неукоснительно возлагаться на собственников квартир.

Рекомендация 6: В Законе № 303 «О публичной услуге водоснабжения и канализации» определить лишь общие принципы установления тарифов и разработать новую методику обоснования и утверждения тарифов на основании этих принципов.

Рекомендация 7: Разработать динамические, а не статические принципы установления тарифов.

Рекомендация 8: Уже сейчас наделить независимого экономического регулятора бо́льшей степенью свободы, все еще продолжая использовать существующую методику обоснования и утверждения тарифов в качестве руководящего документа.

Рекомендация 9: Ежегодно публиковать отчет о деятельности предприятий сектора, в котором будет сравниваться деятельность городских операторов ВСиВО и их успехи в повышении эффективности своей работы (отчет публикуется экономическим регулятором).

Требуется ли техническая (ТП) помощь? ДА

Цель: для содействия развитию экономического регулятора, как предлагается в настоящем отчете, странам, подписавшим Соглашение об ассоциации с ЕС, обычно предоставляется ТП на протяжении двух-трех лет. Такая помощь оказывается небольшой группой экспертов, состоящей из одного международного эксперта и нескольких экспертов, привлекаемых на непродолжительное время. Обязательным условием является наличие политического консенсуса в отношении роли регулятора.

Содействие регионализации услуг

Рекомендация 10: Провести решительную регионализацию ВСиВО, сделав выполнение начальных этапов регионализации условием будущего бюджетного финансирования.

Рекомендация 11: Принять общий подход, «дорожную карту» и график проведения регионализации (Tuck et al., 2013[1]).

Рекомендация 12: Обеспечить на практике поддержку регионализации со стороны Министерства регионального развития и строительства, а также Агентства водных ресурсов «Апеле Молдовей», выражающуюся в оказании содействия процессу, передаче основных фондов и разработке руководств.

Требуется ли техническая помощь? ДА. Опыт реализации проектов регионализации в Румынии показывает, что существует потребность в получении ТП на уровне регионов в течение одного года - двух лет. До запуска регионализации требуется поддержка в разработке отраслевой политики на протяжении одного-двух лет.

Подготовка почвы для устойчивых бизнес-моделей

Рекомендация 13: Оказать содействие внедрению устойчивых бизнес-моделей, удовлетворяющих потребностям сообществ, посредством, помимо прочего, выпуска руководств, образцов нормативных документов и оказания поддержки межмуниципальному сотрудничеству.

Требуется ли техническая помощь? НЕТ

Данный вопрос во многих отношениях связан с другими вопросами, по которым требуется получение ТП, такими как регулирование и регионализация.

Обеспечение оптимального сочетания ТНТ

Рекомендация 14: Разработать систему сбора и регистрации финансовых данных для возможности осуществления комплексного рассмотрения ТНТ (Министерство окружающей среды и Агентство водных ресурсов «Апеле Молдовей»).

Рекомендация 15: Обновить прогнозирование ТНТ, эксплуатационных и капитальных затрат на пятнадцатилетний период. Полученный в результате прогнозируемый дефицит финансирования укажет на необходимость внесения изменений в потенциал отраслевой политики, регулирования или финансирования.

Требуется ли техническая помощь? ДА, уже оказывается.

Данный вопрос во многих отношениях связан с другими вопросами, по которым требуется получение ТП, такими как регулирование и регионализация.

Расширенное применение экономических инструментов

Рекомендация 16: Создание (целевого) бюджетного водного фонда при НЭФ.

Рекомендация 17: Расширить применение сборов за забор и платы за загрязнение воды, а также их финансовую базу для обеспечения совместимости с оптимальным сочетанием ТНТ. Доход от данных сборов направить в виде инвестиций в водный сектор и на меры социальной поддержки по получению услуг ВСиВО.

Рекомендация 18: Создать фонд развития на уровне операторов (в т.ч. региональных – *прим.ред.*), применяя ценный опыт Румынии в отношении использования данного инструмента.

Требуется ли техническая помощь? ДА

Для создания (целевого) бюджетного водного фонда требуется реформирование НЭФ. Ранее организованные консультации по данному вопросу оказали определенное воздействие, но выполнены были не все рекомендации. Бюджетный водный фонд должен быть создан при проведении более широкомасштабного реформирования НЭФ (в идеале скоординированного с процессом реформирования НФРР).

2. Создание такого инструмента как фонд развития может быть интегрировано в процесс предоставления ТП в сфере регионализации. Однако создание этого фонда не зависит от регионализации и не должно ждать ее. Небольшая ТП (в форме привлечения на срок до трех месяцев руководителя проекта и юриста) могла бы подготовить почву для учреждения фонда.

Расширение доступа к внешнему финансированию для устранения дефицита финансирования сектора ВСиВО

Рекомендация 19: Разработать меры отраслевой политики для повышения привлекательности операторов ВСиВО в Молдове в глазах внешних кредиторов. Более того, разработчикам отраслевой политики и операторам необходимо учитывать воздействие их действий на внешних кредиторов и их видение рынка в Молдове в отношении обслуживания долга в секторе ВСиВО.

Требуется ли техническая помощь? ДА, международные финансовые институты могут быть заинтересованы в предоставлении этого вида ТП.

Создание действенных мер адресной социальной поддержки как ключевого элемента СЭР

Рекомендация 20: Внедрить меру социальной поддержки по оплате услуг ВСиВО в виде скидок. Предоставление этих льгот не должно оказать воздействия на доходы операторов ВСиВО, и должно предоставить большую свободу в отношении выбора (в зависимости от местной специфики) величины скидок и категорий граждан, которым они будут предоставляться.

Требуется ли техническая помощь? ДА

Для разработки вариантов конкретных мер социальной поддержки и их внедрения, как, например, механизма предоставления скидок, рекомендуется запросить техническую помощь. Получение ТП по вопросу проведения анализа доходов и принятия решений не рекомендовано.

Выполнение рекомендаций

20 рекомендаций, сгруппированных по семи целям, связаны друг с другом и иногда в чем-то накладываются друг на друга. Для дальнейшего развития СЭР наиболее важным, наверное, является усиление роли СЭР в предоставлении более действенных стимулов к повышению эффективности деятельности предприятий ВСиВО. Однако тип экономического регулирования зависит от числа регулируемых организаций. Таким образом, он зависит от структуры сектора и степени регионализации (консолидации), а также делегирования полномочий. Успехи в улучшении экономического регулирования, в конечном счете, зависят от успехов в регионализации.

Регионализация должна сопровождаться внедрением устойчивых бизнес-моделей предоставления услуг ВСиВО. В процессе регионализации необходимо разработать дополнительные формы межмуниципального сотрудничества.

Все такие бизнес-модели финансируются за счет сочетания тарифов, налогов и трансфертов (ТНТ) для покрытия прогнозируемых эксплуатационных и капитальных затрат (OPEX и CAPEX). Ни одна бизнес-модель не будет полной без интеграции в нее прогнозируемых ТНТ.

Экономические инструменты являются частью СЭР, поэтому их использование не может рассматриваться изолировано. Они создают стимулы и являются источником доходов для софинансирования насущных инвестиционных проектов.

Разница между суммой доходов от ТНТ и суммой, требуемой на покрытие OPEX и CAPEX, может быть сокращена при помощи внешнего финансирования, обычно основанного на рыночных принципах. Однако для привлечения потоков внешнего финансирования необходимо повысить уровень доверия и кредитоспособности. Операторы, муниципалитеты и центральное правительство вместе должны быть способны более подробно ознакомить кредиторов с сектором ВСиВО в Молдове и убедить их в наличии инвестиционных возможностей.

Существующие и новые меры приведут к повышению ставок тарифа и сборов в секторе ВСиВО в Молдове, в котором ценовая доступность услуг уже является проблемным вопросом. Подобные повышения ставок тарифа не могут быть осуществлены без предоставления мер социальной поддержки, вызывающих доверие и конкретно направленных на получение и оплату услуг ВСиВО.

Прогресс в достижении одной цели содействует прогрессу в достижении остальных. Рекомендации взаимосвязаны, поэтому сложно отдельно выделить какие-либо из них. Однако на более поздних этапах выполнения рекомендаций потребуется более детальная их проработка. Это позволит адаптировать рекомендации к условиям и будущим изменениям на местах. И разумеется, для разъяснения, нахождения консенсуса, принятия, проведения консультаций с заинтересованными сторонами и выполнения рекомендаций потребуются колоссальные усилия со стороны разработчиков отраслевой политики для сектора ВСиВО, государственных служащих, муниципалитетов и операторов ВСиВО.

Таким образом, любой план выполнения рекомендаций, разработанный на данном этапе, будет подвержен риску неполной реализации в будущем. Однако предоставление ориентировочного рамочного плана поможет приблизиться к данному процессу. Поэтому на рисунке, приведенном на следующей странице (Рисунок 4.16), представлен ориентировочный план выполнения рекомендаций. Он составлен с пониманием того, что множество действий, обязанностей, результатов и ключевых моментов потребуют дальнейшей доработки и разработки в процессе реализации.

Разработчикам отраслевой политики и заинтересованным сторонам необходимо будет начать и по ходу процесса: (i) более точно определить потребности в получении технической помощи; (ii) разрабатывать более подробные планы выполнения определенных мероприятий в секторе ВСиВО (например, среднесрочный план действий и инвестиций в секторе); и (iii) выявлять необходимость внесения и содержание требуемых поправок к нормативно-правовой базе.

НДВП может содействовать данному процессу посредством:

1. поддержки рекомендаций, предоставленных в настоящем отчете;
2. поощрения разработчиков отраслевой политики сектора ВСиВО инициировать их выполнение;
3. проведения мониторинга и распространения имеющихся достижений в этой области на систематической основе.

Рисунок 4.16. Ориентировочный рамочный план выполнения рекомендаций

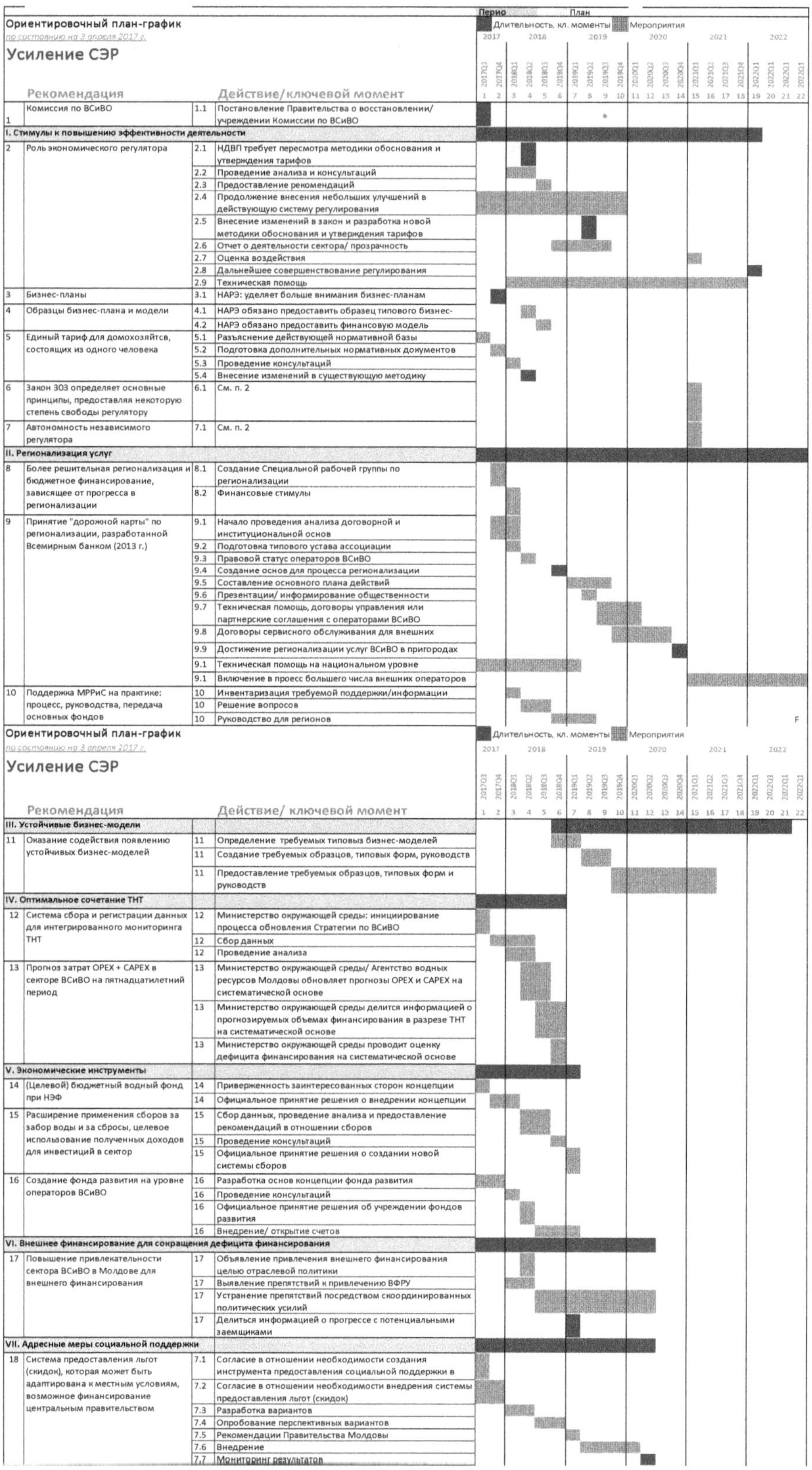

Источник: Собственная разработка автора на основе анализа, приведенного в настоящем отчете.

Ссылки

ANSRC (2014), *Presentation of National Regulatory Authority for Municipal Services of Romania*, http://www.danube-water-program.org/media/dwc_presentations/day_0/Regulators_meeting/2._Cador_Romania_Viena_ANRSC.pdf. [2]

OECD (2017), *Improving Domestic Financial Support Mechanisms in Moldova's Water and Sanitation Sector*, OECD Studies on Water, OECD Publishing, Paris, http://dx.doi.org/10.1787/9789264252202-en. [10]

OECD (2016), *OECD Council Recommendation on Water*, https://www.oecd.org/environment/resources/Council-Recommendation-on-water.pdf. [3]

OECD (2010), *Innovative Financing Mechanisms for the Water Sector*, OECD Studies on Water, OECD Publishing, Paris, http://dx.doi.org/10.1787/9789264083660-en. [9]

OECD EAP Task Force (2013), *Adapting Water Supply and Sanitation to Climate Change in Moldova*, https://www.oecd.org/environment/outreach/Feasible%20adaptation%20strategy%20for%20WSS%20in%20Moldova_ENG%20web.pdf. [4]

OECD EAP Task Force (2007), *Proposed system of surface water quality standards for Moldova: Technical Report*, http://www.oecd.org/env/outreach/38120922.pdf. [5]

Popa T. (2014), "A smart mechanism for financing water services and instrastructure" IWA, https://www.iwapublishing.com/sites/default/files/documents/online-pdfs/WUMI%209%20%281%29%20-%20Mar14.pdf. [7]

Tuck, L. (2013), "Water Sector Regionalization Review. Republic of Moldova", http://www.danubis.org//files/File/country_resources/user_uploads/WB%20Regionalization%20Review%20Moldova%202013.pdf. [11]

Tuck, L. et al. (2013), "Water Sector Regionalization Review. Republic of Moldova.", http://www.danubis.org//files/File/country_resources/user_uploads/WB%20Regionalization%20Review%20Moldova%202013.pdf. [1]

UNECE (2014), *Environmental performance review, Republic of Moldova. Third Review Synopsis.*, UNECE, https://www.unece.org/fileadmin/DAM/env/epr/epr_studies/Synopsis/ECECEP171_Synopsis.pdf. [6]

Verbeeck, G. (2013), *Increasing market-based external finance for investment in municipal infrastructure*, https://www.iwapublishing.com/sites/default/files/documents/online-pdfs/WUMI%208%20%284%29%20-%20Dec13.pdf. [8]

Приложение А. Предложенная «дорожная карта» регионализации услуг в секторе ВСиВО

Представленная здесь «Дорожная карта» разработана на десятилетний период[1] и признает в качестве ключевых вызовов повышение заинтересованности местных советов и учет интересов организаций ВСиВО с ограниченным потенциалом. В Молдове инициированием, продвижением и управлением процессом регионализации, скорее всего, будет заниматься правительство, тогда как решения принимались бы сотнями местных и муниципальных советов. Таким образом, процесс регионализации, скорее всего, будет затяжным и напряженным, как это часто показывает опыт регионализации в других странах. Предлагаемая «дорожная карта» состоит из четырех основных этапов, рассчитанных как минимум на десятилетний период:

1. два года на подготовку концепции и повышение заинтересованности местных советов (этап 1)
2. еще два года на укрепление позиций участвующих в регионализации поставщиков услуг ВСиВО до запуска процесса реформирования (этап 2)
3. еще три года на оказание поддержки учреждению и началу деятельности региональных предприятий ВСиВО (этап 3)
4. в оставшиеся три года региональные предприятия могут быть достаточно стабильными для интегрирования небольших поставщиков услуг ВСиВО в сельской местности (этап 4).

Начать с небольшого числа стабильных поставщиков услуг ВСиВО для снижения рисков. Выполнение предлагаемой «дорожной карты» в и без того хрупком секторе должно быть непрерывным. В этой связи можно принять во внимание несколько принципов. Во-первых, вместо осуществления масштабной регионализации можно провести пилотное опробование проекта в каком-либо выбранном подрегионе и провести регионализацию в ограниченном масштабе. Во-вторых, включение сельских населенных пунктов, в которых отсутствуют профессиональные поставщики услуг ВСиВО (а это так в большинстве случаев), в зону обслуживания регионального оператора (РО) может добить лидирующее в региональной схеме предприятие, в случае если оно и так уже слабое. Для снижения подобного риска из процесса регионализации на начальных этапах можно будет исключить сельские местные советы. Как только региональное предприятие будет способно поддерживать приемлемый уровень деятельности, оно может начать включение сел в свою зону обслуживания. В течение переходного периода региональное предприятие может принять решение о предоставлении конкретной

[1] Данное приложение представляет собой выдержку из Обзора регионализации сектора ВСиВО, подготовленного Всемирным банком [2013 г.]. (Названия министерств и ведомств РМ даны на дату подготовки данного обзора – *прим. ред.*)

помощи сельским населенным пунктам посредством заключения договоров о предоставлении услуг.

Внешняя техническая помощь может стать инструментом для успешного проведения такой комплексной реформы. Регионализация услуг ВСиВО является глубоким преобразованием сектора. Молдова может значительно выиграть от изучения опыта, накопленного соседними странами (Румыния, Косово) за последние десять лет. Например, можно организовать учебные поездки, участие в семинарах по обмену опытом в данной сфере или принятие технической помощи по определенным вопросам. Дополнительно, учитывая, что данный процесс реформирования потребует внесения значительных изменений в процессы, мышление и рабочий уклад на местном уровне, полезно получить поддержку и советы от организаций, специализирующихся на управлении изменениями.

В следующих подразделах охарактеризованы основные цели каждого этапа процесса реформирования.

Этап 1: Разъяснение концепции и повышение заинтересованности

Заложить основы для проведения регионализации. Целями являются:

1. Разъяснение правовых, институциональных и финансовых основ процесса реформирования.
2. Подготовка основного плана действий с отобранными вариантами проведения регионализации и описанием инвестиционных потребностей.
3. Вызвать интерес у местных советов к процессу регионализации. На этот этап потребуется до двух лет. Для реализации данных мероприятий потребуется активная мобилизация Министерства окружающей среды, в этой связи рекомендовано создание специальной рабочей группы по регионализации под эгидой Министерства.

Прояснение правовых, институциональных и финансовых основ

Отсутствие соответствующих договорных и институциональных моделей способно существенно подорвать развитие и устойчивость сектора. Связанность систем ВСиВО требует разрешения нескольких ключевых вопросов:

1. На институциональном уровне: кто владеет, управляет основными фондами и финансирует их?
2. На уровне финансирования: кто устанавливает тарифы и как распределяются доходы и затраты между поставщиками услуг?
3. На уровне эксплуатации: смогут ли слабые поставщики услуг справиться с расширившейся зоной ответственности?

Неоптимальные ответы на эти вопросы (или отсутствие таковых) могут, например, сделать сообщества крайне уязвимыми по отношению к бизнес-решениям, принимаемым родительскими поставщиками услуг; оставить взаимосвязанную инфраструктуру ВСиВО без технического обслуживания; или сделать городские предприятия неспособными к адекватному предоставлению услуг ВСиВО и генерированию доходов в непривычном для них контексте сельской местности.

Определить типовой устав ассоциации местных советов. Как указано выше, в соответствии с Законом «О местном публичном управлении» местные советы должны принимать коллективные решения в отношении стратегии и управления общим оператором. И хотя Закон «О местном публичном управлении» (статья 14) предусматривает право на создание ассоциаций местных советов с целью повышения качества предоставляемых услуг в общих интересах, нормативно-правовая база в этом отношении не уточняет организационно-правовых форм и моделей такого вида сотрудничества.

Таким образом, следует детально пересмотреть правовую базу для обеспечения ее соответствия рассматриваемой институциональной модели. На этом подготовительном этапе следует подготовить типовой устав ассоциации, уделяя особое внимание трем аспектам:

1. Механизмы управления: как распределяется право голоса между местными советами?
2. Условия вступления в ассоциацию и выхода из нее.
3. Основные фонды и другие активы: кто является собственником активов ассоциации? В случае роспуска ассоциации, каким образом такие активы будут возвращены своему исходному владельцу и что произойдет с активами, принадлежащими ассоциации?

Определить статус регионального оператора ВСиВО и его договорные отношения с ассоциацией. Можно также подготовить образец акта об учреждении регионального оператора ВСиВО для разъяснения его правового статуса и вопросов, связанных с правами вступления в ассоциацию и выхода из нее заинтересованных сторон, распределением акций и права голоса между ними. Договор о делегировании полномочий, вероятней всего, имел бы форму концессионного соглашения (по которому оператор отвечает как за свою текущую деятельность, так и за инвестиции). Потребуется дать отчеты на ключевые вопросы, обусловленные типом такого соглашения, как например: кто принимает решения в отношении инвестиций, и кто финансирует инвестиционные проекты? Как устанавливаются и корректируются ставки тарифов? Как осуществляется мониторинг деятельности регионального предприятия? Что происходит в случае невыполнения оператором поставленных задач?

Провести переоценку тарифной политики в контексте региональных операторов. Политика установления тарифов на услуги ВСиВО в контексте регионализации должна быть четко определена с самого начала, поскольку это может стать основным препятствием для ряда местных советов. Политика установления тарифов должна в особенности решать вопросы, связанные с неоднородностью уровней предоставления услуг и потенциала сбора платежей в городах и селах. Если в целом для бо́льшей доли сельского населения (или населения пригородов) услуги ВСиВО более или менее доступны, то в некоторых селах самые уязвимые категории граждан могут испытывать сложности с оплатой своих счетов за услуги ВСиВО. При средней ставке тарифа на услугу водоснабжения в размере эквивалентном 1,0 долл. США за куб. м в городах, 20 % сельского населения испытывало бы сложности с оплатой своих счетов за услуги водоснабжения. Такие ситуации встречаются в сельских сообществах, подключенных к системам водоснабжения соседних городов: многие домохозяйства продолжают использовать мелкие шахтные колодцы для забора воды на непитьевые нужды, пока они не пересохнут. Следовательно, тарифная политика должна четко определить, как обеспечить, чтобы тариф остался доступным для самых бедных категорий граждан.

Определить охват финансовых стимулов. Одним из ключевых факторов регионализации являлся бы более легкий доступ к финансированию. Проведение регионализации, таким образом, будет означать для правительства и донорского сообщества взятие на себя твердых обязательств по оказанию устойчивой финансовой поддержки процессу. В этой связи доля государственного финансирования (например, средства, выделяемые НЭФ или НФРР) могла бы быть зарезервирована для предприятий ВСиВО, желающих присоединиться к процессу.

Завершить пересмотр национальной Стратегии водоснабжения. Для разъяснения общей отраслевой политики и обеспечения ее совместимости с процессом регионализации необходимо завершить пересмотр Национальной стратегии водоснабжения, начатый в 2011 году при финансовой поддержке ЕС.

Инструмент инвестиционного планирования

Подготовка надежного основного Плана действий, необходимого для разработки и внедрения процесса регионализации услуг ВСиВО. Общенациональный основной План действий для сектора ВСиВО мог бы определить основы, на которых будут разрабатываться различные варианты масштаба регионализации. Целью предлагаемого основного плана действий (в рамках каждого местного совета) было бы следующее:

1. Выявление потребностей в воде и источников водоснабжения в долгосрочной перспективе.
2. Выявление потребности в инвестициях для осуществления модернизации, замены или расширения систем ВСиВО, а также связанных с этим затрат.
3. Выявление приоритетов и проведение оценки стоимости инвестиций.

Без такого инструмента планирования региональные операторы ВСиВО не смогли бы принимать и исполнять свои мандаты концессионеров услуг. Следовательно, необходимо создать данный инструмент в срочном порядке при осуществлении координации и надзора Министерством окружающей среды.

Мобилизация местных советов

Прежде чем запустить процесс реформирования необходимо провести оценку интересов местных советов. Специальная рабочая группа подготовила бы для местных советов четкое обоснование затрат и выгод от регионализации, а также обзор основных выводов, связанных с пересмотром правовой основы и тарифной политики, как обозначено выше. На обсуждение местным советам была бы представлена «дорожная карта». Заинтересованные советы должны будут выразить свое согласие на проведение регионализации, что дало бы им право воспользоваться технической помощью, описание которой приводится в следующем разделе. Это не будет являться окончательным взятием на себя обязательств по участию в процессе регионализации. Согласие значительного числа местных советов с проведением регионализации может потребоваться для запуска этого процесса. Также для подготовки к следующему этапу будет подготовлена нормативная и тендерная документация для получения технической помощи.

Этап 2: Укрепить позиции поставщиков услуг ВСиВО до запуска процесса регионализации

Подготовка поставщиков услуг ВСиВО к процессу регионализации посредством предоставления технической помощи и выявления приоритетных инвестиционных проектов. На протяжении двух лет участвующим в процессе регионализации поставщикам услуг ВСиВО потребуется ТП для определения их уровня деятельности и пересмотра управленческих аспектов. В частности, поддержка оказывалась бы по следующим вопросам:

1. Улучшение организации и повышение эффективности внутренних процессов (благодаря повышению квалификации и производственному обучению).
2. Увеличение доходов (благодаря усовершенствованным процедурам по работе с клиентами).
3. Оптимизация затрат поставщиков услуг.

Местным советам были бы представлены на обсуждение корпоративные стратегии на трехлетний период, включая планы технического обслуживания, кадрового обеспечения и т. д. Рекомендации из основного плана действий были бы интегрированы в корпоративные стратегии для учета возможного эффекта от привлечения новых инвестиций. Инвестиционные проекты, отмеченные в рамках оказания ТП, которые могли бы обеспечить незамедлительное повышение эффективности деятельности предприятий ВСиВО, в идеале они должны рассматриваться НЭФ и НФРР в качестве приоритетных инвестиционных проектов.

Завершить пересмотр правовых и институциональных основ. На данном этапе необходимо было бы завершить определение всех договорных аспектов, связанных с процессом регионализации (ассоциации местных советов, соглашение о делегировании полномочий и т. д.). Также для ссылки был бы подготовлен черновой вариант условий соглашения об управлении, основанном на результатах деятельности (или о партнерстве с операторами ВСиВО), которое могло бы заключаться на этапе 2 между будущими региональными операторами и зарекомендовавшими себя профессиональными предприятиями ВСиВО.

К моменту завершения данного этапа местные советы должны будут подтвердить свое участие в процессе регионализации. На данном этапе к местным советам, уже выразившим свою заинтересованность в регионализации на предыдущем этапе, мог бы присоединиться любой другой заинтересованный совет.

Этап 3: Оказание поддержки учреждению и началу деятельности региональных предприятий ВСиВО

Оказать поддержку учреждению и началу деятельности региональных предприятий ВСиВО. Данный этап был бы возможен, только если решение о присоединении к процессу регионализации было бы официально принято значительным кворумом местных советов. Данный этап состоял бы из следующих этапов:

1. Создание ассоциаций местных советов и региональных предприятий ВСиВО.
2. Заключение концессионных соглашений между ассоциациями и региональными предприятиями ВСиВО.

3. Создание партнерских отношений с зарекомендовавшими себя операторами ВСиВО.

Существует также альтернативный вариант: если региональные операторы ВСиВО довольно крупные, то операторов ВСиВО можно было бы вовлечь в подписание двухгодичных договоров на управление, ориентированных на результат, с руководством региональных предприятий ВСиВО. По такому соглашению управление региональным предприятием под надзором ассоциации было бы временно делегировано подписавшему такой договор оператору. Подобный договор управления позволил бы получить региональным предприятиям намного больше ощутимой поддержки, чем при заключении партнерских соглашений, но такой вариант возможен только в отношении купных регионализованных предприятий.

Партнерство с опытными операторами будет крайне важным для развития и укрепления новых организаций. Ключевыми целями заключения партнерских соглашений с операторами ВСиВО (или договоров управления) может быть следующее:

1. Оказать поддержку в организации головных офисов региональных предприятий ВСиВО посредством выявления, приема на работу и обучения профессионалов и специалистов по предоставлению услуг центрального управления и поддержки.
2. Укрепление позиций местных отделений региональных предприятий ВСиВО посредством введения общих процедур, применения актуализированных бизнес-планов при ресурсной поддержке головного офиса.
3. Помощь региональным предприятиям ВСиВО с проведением тарифной политики.

После двухлетнего периода предоставления поддержки операторами-«наставниками» (или привлеченным руководством) ожидается, что региональные предприятия начали бы эффективно управлять своей деятельностью под надзором ассоциаций и в соответствии с условиями концессионных соглашений. На этом этапе региональные предприятия ВСиВО внедряли бы приоритетные проекты, определенные в национальном основном плане действий. Ожидается, что за два года региональное предприятие достигнет полной автономности деятельности.

Региональные предприятия ВСиВО могли бы оказать конкретную помощь сельским населенным пунктам, еще не входящим в ассоциацию. На данном этапе могли бы быть подписаны возобновляемые *сервисные договоры* (договоры об оказании услуг) между местными отделениями регионального предприятия ВСиВО и местными советами в сельской местности по оказанию помощи в эксплуатации их систем. Оператор-«наставник» (привлеченный член руководства) помог бы региональным предприятиям ВСиВО с подготовкой стандартных сервисных договоров.

Этап 4: Распространение на сельскую местность

Как только региональные предприятия ВСиВО окрепнут, процесс можно распространить на сельскую местность. После прекращения партнерских соглашений с оператором ВСиВО (или договоров управления) региональным предприятиям ВСиВО может потребоваться дополнительное время для:

1. завершения модернизации или развития инфраструктуры.
2. достижения и поддержания приемлемого уровня деятельности без внешней поддержки.

На этом этапе сельские сообщества, имеющие системы водоснабжения, могут присоединиться (на добровольной основе) к ассоциациям местных советов. Длительность данного завершающего этапа в значительной степени зависела бы от исходного потенциала регионализованных предприятий ВСиВО.

На реализацию указанных четырех этапов может потребоваться до десяти лет.

Приложение В. Образец структуры бизнес-плана и компоненты финансовой модели

Образец структуры бизнес-плана:

1. Введение
2. Видение, миссия и ценности
3. Внутренняя и внешняя среда (SWOT-анализ и PESTEL-анализ)
4. Цели

- Цель 1: (пример) Уменьшить объемы воды, не приносящей дохода (описание цели и связанных с ней 2–3 ключевых показателей деятельности)
- Цель 2: (пример) Оптимизация кадровой и организационной структуры
- Цель 3: (пример) Совершенствование работы с клиентами и ведения диалога
- Цель 4: (пример) Развитие в качестве регионального оператора
- Все четыре цели предоставят интегрированные результаты

5. Цель 1:

- 5.1 Передовая практика и текущая деятельность

(описание передовой практики и текущей деятельности по каждой из 6–10 сфер/видов деятельности, связанных с прогрессом в достижении ключевой цели)

- 5.2 Устранение пробелов и дефицита

(определение ожидаемого прогресса на прогнозный период)

- 5.3 Ключевые моменты: ежегодное определение уровня достигнутого (*таблица со списком ключевых моментов по каждому виду деятельности на каждый прогнозный период)*

6. Цель 2: и т. д.
7. Внедрение
8. Финансовая жизнеспособность (на основании финансовой модели – см. Рисунок А В.1)

Рисунок А В.1. Компоненты финансовой модели

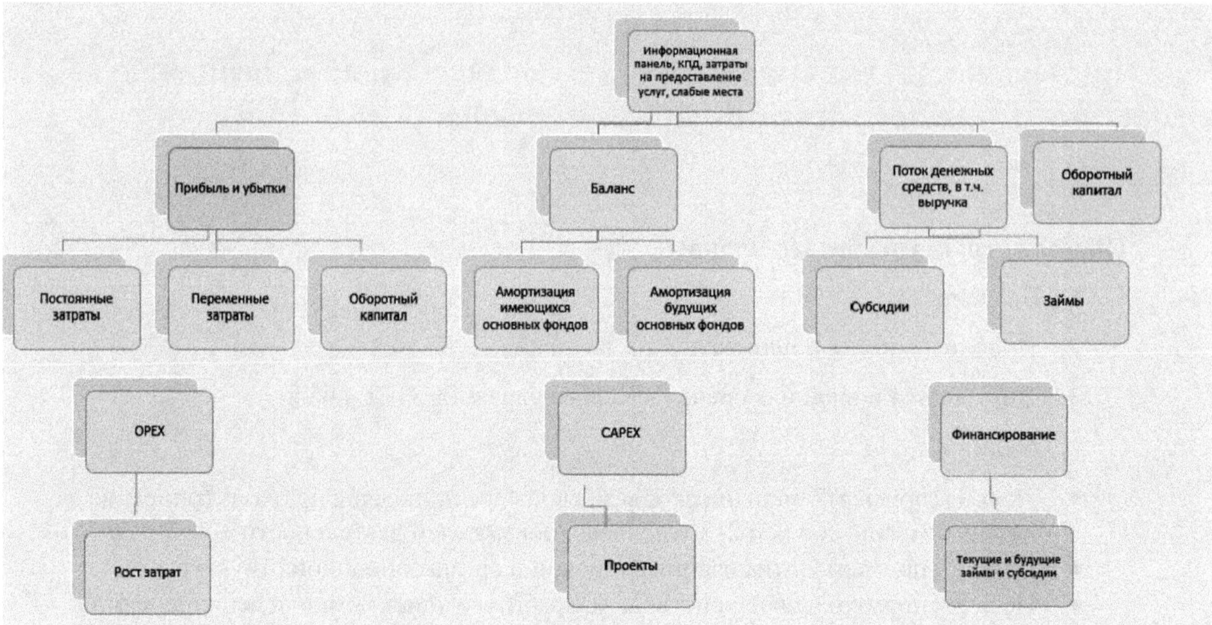

Примечание: В финансовой модели для предприятий ВСиВО все вышеперечисленные компоненты будут интегрированы в единый Excel-файл, подготовленный в соответствии со стандартами финансового бизнес-моделирования.
Источник: Собственная разработка автора.

Приложение С. Описание предложенной системы предоставления льгот в секторе ВСиВО Молдовы

Представленный ниже текст является выдержкой из (OECD, 2017[1]).

Система предоставления льгот может оказаться наиболее гибкой и экономически эффективной мерой адресной социальной поддержки по получению услуг ВСиВО. Она также могла бы быть применена в отношении расходов на подключение к сети. Целью системы предоставления льгот является оказание социальной поддержки клиентам с низкими доходами в виде предоставления скидки на сумму к оплате по счету за предоставленные услуги ВСиВО. Данная система была выбрана по причине того, что она:

- может быть разработана с более точным прицелом на потребности домохозяйств с низкими доходами, чем другие альтернативные варианты (особенно блочные тарифы с повышающейся ставкой);
- может быть разработана так, чтобы оставалась возможность ее адаптирования к местной специфике;
- относительно проста в отношении администрирования;
- имеет высокую степень гибкости, поэтому может быть скорректирована или упразднена со временем;
- предоставляет стимулы абонентам (потребителям) к своевременной оплате счетов;
- может быть разработана таким образом, чтобы не повлиять на способность апэканала покрывать свои затраты.

Система называется льготной, поскольку предоставляется скидка некоторым или всем домохозяйствам, т. е. от 0–100 % домохозяйств могут иметь право на получение таких льгот.

Система предоставления льгот (скидок) не меняет общей суммы счета, выставляемого домохозяйствам, поскольку внутри этой системы одни домохозяйства перекрестно субсидируют другие. Более состоятельные домохозяйства оплачивают эти скидки. Решение о разработке системы предоставления льгот не имеет ничего общего с порогом ценовой доступности услуг. Если тарифы слишком высоки для населения в целом, система предоставления льгот не сможет разрешить эту ситуацию. Если ставки тарифов слишком высоки для части населения, то система предоставления льгот сможет решить этот вопрос, но только в пределах того, насколько другие потребители смогут компенсировать льготы, предоставляемые определенным категориям граждан, имеющих на них право.

Поэтому ситуация апэканала (водоканала) не ухудшится по причине внедрения этой системы предоставления льгот. Наоборот, это сможет привести к своевременной оплате счетов, поскольку льгота может быть предоставлена только по факту оплаты счета. А если граждане не смогут воспользоваться льготами в полном объеме, то поставщик услуг ВСиВО даже будет иметь дополнительный доход. Во-первых, клиент не сможет воспользоваться льготой в случае просрочки платежа, т. е. льгота пропадает. Во-вторых, по определению, льготы не могут привести к отрицательным доходам апэканала по определенным счетам. Если сумма к оплате, указанная в каком-либо счете, ниже размера льготы, то клиент сможет получить льготу только в размере, не превышающем сумму к оплате.

Льготы могут быть предоставлены только по отношению к чистому доходу поставщика услуг. Другие налоги и сборы остаются обязательными к уплате. Трудность может возникнуть только тогда, когда такие налоги и сборы начисляются непосредственно на доходы поставщика услуг. Однако поскольку скидки за быстрое осуществление платежей широко используются в других секторах экономики, ожидается, что налоговые органы смогут принять этот инструмент.

Прежде всего, апэканалу необходимо определиться с размером льготы. Это можно предоставить сделать муниципалитету или апэканалу, при обязательном проведении консультаций по данному вопросу.

Регулятор должен установить подходящий пороговый предел, чтобы защитить более состоятельные домохозяйства от слишком больших расходов на получение услуг ВСиВО от доли своих общих доходов. В нижеприведенной таблице (таблица A F.1) максимальный процент установлен на уровне 25 %. При такой ставке тариф за один куб. м воды будет слишком высоким. Это может привести к возникновению вопросов на уровне политики в отношении приемлемости таких тарифов.

Предположим, что апэканал желает использовать пятнадцатипроцентный порог. Это будет означать следующее:

- требования к доходам увеличатся на 15 %.
- тарифы для домохозяйств вырастут на 15 %.
- полученный в результате дополнительный доход будет перераспределен между бытовыми потребителями (населением) в виде льготы.

Льгота предоставляется 0–100% бытовых потребителей. Те из них, которые: получают льготу **И** вовремя оплачивают свои счета за услуги ВСиВО **И** потребляют относительно небольшие объемы воды будут платить меньше за один куб.м., чем другие потребители. Получается тот же эффект, как от использования блочных тарифов с повышающейся ставкой, но с большей действенностью и эффективностью. Вместо предоставления полной льготы некоторым домохозяйствам можно предоставить частичную льготу, например, в зависимости от их уровня доходов. Таким образом можно смягчить эффект «ловушки бедности». При этом размер льготы можно увязать с числом членов домохозяйства (как это имеет место в Нидерландах). Также возможна адаптация системы к конкретным обстоятельствам, связанным с местной спецификой.

Вместо того, чтобы устанавливать максимально допустимый размер льготы, регулятор может предоставить свободу выбора ее размера, а также условий ее предоставления местному сообществу. Данный вопрос скорее относится к социальной сфере и его можно решить в конкретном контексте применения системы предоставления льгот (при том, что измерение объемов потребленной воды при помощи счетчиков-водомеров в отдельных квартирах является ключевым условием применения такой системы).

- некоторые сообщества могут пожелать выстроить систему предоставления льгот как «подстраховку» обеспечения жизненно-необходимого минимума воды и фактически предоставить первые несколько куб. м воды бесплатно. Для этого потребуется совсем небольшой размер льготы.
- другие захотят применить данный инструмент к более широкой группе уязвимых категорий потребителей. Для этого потребуется более высокий размер льготы и более широкий круг потребителей, которые будут иметь право на получение такой льготы.
- тогда как другие захотят использовать данный инструмент с целью сохранения водных ресурсов. В этом случае льгота может предоставляться всем.

Льгота не окажет воздействия на среднюю ставку тарифа, критерии ценовой доступности услуг ВСиВО или средний размер суммы счета к оплате. Благодаря эффекту, аналогичному эффекту применения прогрессивного налога, льгота увеличит число людей, для которых услуги ВСиВО станут финансово доступными. Всегда будут иметься люди, которые не смогут позволить себе оплату услуг ВСиВО или будут иметь потребность в получении дополнительной социальной помощи. Благодаря льготам, число таких случаев будет быстро и эффективно снижаться.

Таким образом, это будет очень положительным первым шагом на пути к выстраиванию системы мер социальной поддержки в секторе ВСиВО. В результате применения льготной системы все, кто сводит потребление воды к абсолютному минимуму, будет платить немного за услуги ВСиВО. В приведенной ниже таблице (Таблица A C.1) показано действие механизма предоставления льгот на гипотетическом числовом примере. В приведенном случае льгота показана в разбивке на несколько лет; сообщества также могут выбрать вариант предоставления льготы фиксированного размера. На рисунке ниже (Рисунок A C.1) приведено сравнение волюметрических тарифов с и без применения льготы.

Если местные публичные администрации не получат достаточно свободы в отношении установления размера льгот, они должны знать о других доступных инструментах отраслевой политики. Они также должны знать об определенной степени свободы для адаптирования инструментов к местным условиям (доля прогнозируемых доходов домохозяйств, которая будет перераспределена на предоставление льгот, и критерии получения льготы).

Если льготы будут предоставлены определенным группам потребителей, местная публичная администрация должна будет установить критерии их предоставления, проинформировать местное сообщество и взять на себя обязанность контроля выполнения.

Таблица А С.1. Пример расчета льгот

РАСЧЕТ ЛЬГОТЫ							
Выбор доли доходов, которая будет перераспределена, %		15 %	12 %	9 %	6 %	3 %	0 %
А. Исходные (до предоставления льгот) тарифы, одобренные регулятором	На настоящий момент:	2016	2017	2018	2019	2020	2021
Тариф для домохозяйств за м³	€ 0,85	€ 0,91	€ 0,96	€ 1,02	€ 1,08	€ 1,13	€ 1,19
для юридических лиц за м³	€ 0,95	€ 0,99	€ 1,03	€ 1,07	€ 1,11	€ 1,15	€ 1,19
В. Тариф после введения льгот							
Тариф для домохозяйств за м³ с учетом льготы, %	€ 0,85	€ 1,04	€ 1,08	€ 1,11	€ 1,14	€ 1,17	€ 1,19
для юридических лиц за м³ (неизменен, остается как в п. А!)	€ 0,95	€ 0,99	€ 1,03	€ 1,07	€ 1,11	€ 1,15	€ 1,19

Примечание: Дополнительные доходы могут быть перераспределены в виде льгот в зависимости от различных определенных на местах критериев нуждаемости. К таким критериям могут относиться право на получение льготы для всех домохозяйств, уровень доходов домохозяйства или отдельного члена домохозяйства, вид жилья (частный дом, квартира), тип клиента (малоимущий, престарелый и т.д.).
Источник: Собственная разработка автора.

Рисунок А С.1. Волюметрический тариф со льготой или без нее

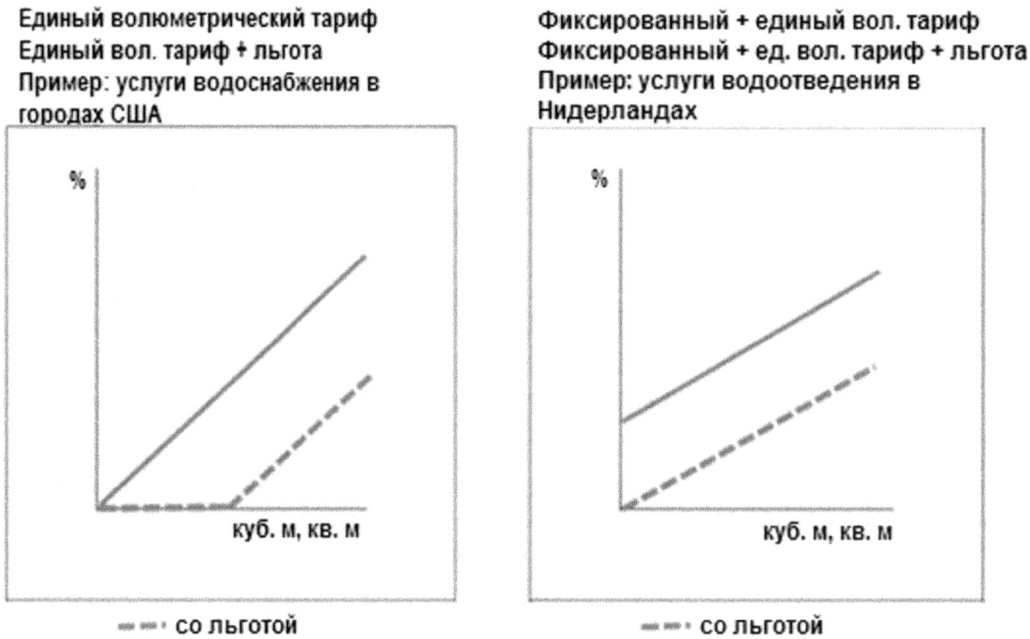

Примечание: Не всем клиентам нужно соответствовать критериям получения (полной) льготы. Если бы все клиенты имели право на льготу, то эффект от ее применения был бы сравним с блочными тарифами с повышающейся ставкой.
Источник: (Verbeeck and Vucijak, 2014[2]), *Towards effective social measures in WSS («На пути к созданию эффективных мер социальной поддержки в секторе ВСиВО»)*, выводы Конференции по вопросам регионального управления предприятиями ВСиВО, Тирана, 5–7 ноября 2014 года, https://1drv.ms/b/s!Anl6ybs2l7QGhdUX96FsaFC6JTUpIA

Ссылки

OECD (2017), *Improving Domestic Financial Support Mechanisms in Moldova's Water and Sanitation Sector*, OECD Studies on Water, OECD Publishing, Paris, http://dx.doi.org/10.1787/9789264252202-en. [1]

Verbeeck, G. and B. Vucijak (2014), "Towards effective social measures in WSS", *Towards effective social measures in WSS*, https://1drv.ms/b/s!Anl6ybs2I7QGhdUX96FsaFC6JTUpIA. [2]

www.ingramcontent.com/pod-product-compliance
Lightning Source LLC
LaVergne TN
LVHW080657011026
849160LV00014B/1458

* 9 7 8 9 2 6 4 6 3 7 8 8 7 *